Jan Sentürk
Wie ich sehe, was du fühlst

PIPER

Zu diesem Buch

Unser Leben wird zu einem Großteil davon bestimmt, wie andere uns wahrnehmen. Das Verschränken der Arme, die Art, wie wir jemanden begrüßen – unsere Gesten geben mehr über uns Preis als wir ahnen. Sie eröffnen Chancen, oder verbauen sie. Wer lernt, seine Körpersprache besser zu steuern, ergreift die Chance, seinen Alltag positiver und erfolgreicher zu gestalten.

Jan Sentürk ist Experte für Körpersprache und Kommunikation. Zuvor studierte er als Schauspieler das Geheimnis versteckter Gesten. Als Redner, Trainer und Dozent hält er jährlich vor tausenden Zuhörern Seminare zum Thema Körpersprache.

Jan Sentürk

WIE ICH SEHE, WAS DU FÜHLST

Der Körpersprache-Coach verrät seine Geheimnisse

Piper München Zürich

Mehr über unsere Autoren und Bücher:
www.piper.de

MIX
Papier aus verantwor-
tungsvollen Quellen
FSC® C083411

Ungekürzte Taschenbuchausgabe
Piper Verlag GmbH, München
April 2012
© 2011 unter dem Titel »Positive Körpersprache«
erschienen bei BusinessVillage GmbH, Göttingen
Umschlag: semper smile, München
Umschlagabbildung: Peter Brockmann
Innenteilfotos: Andreas Klier und Peter Brockmann,
mit Ausnahme S. 47: Florian Grob
Satz: Sabine Kempke
Gesetzt aus der ITC-Officina-Serif
Papier: Munken Print von Arctic Paper Munkedals AB, Schweden
Druck und Bindung: CPI – Clausen & Bosse, Leck
Printed in Germany   ISBN 978-3-492-27436-4

Inhalt

In dankbarer Erinnerung

an meine „Omi" Clara Müller

1.
Warum wir eine positive Körpersprache brauchen

1.1 Was ist eigentlich Körpersprache?

„Ich hätte nie gedacht, dass Körpersprache eine so starke Wirkung auf andere und auch auf mich selbst haben könnte!"

Teilnehmerfeedback nach einem Körpersprache-Seminar.

Jeder hat seine Körpersprache dabei – immer! Sie ist die äußere Darstellung unseres inneren Befindens. Deshalb lässt sie sich auch nicht in starre Regeln pressen. Selbst wenn äußerlich scheinbar gleiche Gesten ihren Weg nach außen finden, müssen dennoch nicht dieselben Emotionen dahinterstecken. Körpersprache ist ein Medium, mittels dessen wir anderen Menschen etwas von uns zeigen. Sowohl die Dinge, die wir zeigen wollen, als auch die, die wir nicht zu erkennen geben möchten. Wer von uns hat nicht schon Situationen erlebt, in denen wir Unbeteiligten gegenüber unseren Ärger für uns behalten wollten? Wir bremsen uns, machen gute Miene zum bösen Spiel und folgen gesellschaftlichen Normen und Regeln. Doch Emotionen verschwinden nicht einfach, ganz egal, wie gut auch immer wir uns zu benehmen versuchen.

Körpersprache wird gemäß der Kultur, in der man aufwächst, erlernt. Hinzu kommen familiäre, soziale und individuelle Prägungen. Dabei gibt es deutliche Parallelen zur Wortsprache: So kann man einen Dialekt sprechen, der von dem im Wohnumfeld üblichen abweicht – je nach Herkunft der Eltern. Für die zahlreichen Ausdrücke der Jugendsprache gibt es längst Wörterbücher. Interessengruppen wie Rapper, Punks oder Grufties verfügen über bestimmte Sprachmuster und körperliche Erkennungsmerkmale. Die augenfälligste dabei ist meist die Kleidung, durch die man seinen Körper auf die gewünschte Art betont, darstellt oder verkleidet. Darüber hinaus gibt es Kennzeichen und Symbole sowie festgelegte und ritualisierte Formen der Begrüßung, Zustimmung oder Ablehnung, die man nur als Angehöriger einer geschlossenen Gruppierung trägt oder benutzt. Die Grußgeste der Hip-Hopper beispielsweise, bei der erst die Hände in Brusthöhe mit nach oben weisenden Fingern ineinandergeschlagen werden und man sich dann mit einer abwechselnden Berührung beider Schultern begrüßt, signalisiert die Fähigkeit, zupacken zu können, und zeigt Schulterschluss. Letzterer ist in einer Szene, die in ihrem Ursprung für ein hartes Leben in einer harten Gegend steht, immens wichtig, um den Alltag durchzustehen, ja, vielleicht sogar, um ihn zu überleben.

Dennoch ist Körpersprache keine Modeerscheinung. Sie ist eine Ausdrucksform, die sich langsam verändert und dabei immer wieder durch körpersprachliche Ergänzungen einzelner Gruppierungen bereichert wird. Und sie ist enorm aussagekräftig. Denn als äußere Darstellung unserer inneren Haltung zeigt sie unsere Neigungen, Ansichten, Ängste und Gefühle. Diese wollen nach außen treten und suchen sich ihren Weg über unseren Körper. Welchen sonst sollten sie nehmen? Alles, was seinen Weg nach außen findet, muss in uns sein. Wo sollte es sonst herkommen?

Dabei folgt sie einem bekannten physikalischen Gesetz, demzufolge Energie nicht verschwindet, sondern lediglich umgewandelt wird. So wie ein Verbrennungsprozess

Wärme erzeugt, wie Strom in Licht umgewandelt oder Kraft in Bewegung umgesetzt wird, finden unsere Einstellung und unsere Emotionen in der Körpersprache, also der Mimik und Gestik ihren Ausdruck. Sei es bei normalen Alltagsaktivitäten oder – besonders deutlich – wenn wir unter hohem emotionalen Druck stehen und unsere Gefühle regelrecht zum Ausbruch kommen. Und genau deshalb merken andere Menschen selbst dann, wenn sie es nicht in Worte fassen oder logisch begründen können, wenn etwas mit uns nicht stimmt.

1.2 Körpersprache und der erste Eindruck

Eine Sprache zu sprechen heißt noch lange nicht, die Regeln erfolgreicher Gesprächsführung zu kennen. Ebenso wenig heißt eine Körpersprache zu haben und den eigenen Körper sprechen zu lassen noch nicht, erfolgsorientiert mit ihm zu kommunizieren beziehungsweise die Signale anderer richtig deuten zu können. Zwar spüren die meisten von uns intuitiv, wenn zwischen dem, was jemand sagt, und dem, was sein Körper verrät, eine Diskrepanz besteht. Doch wissen wir dennoch meist nicht, woran das liegt. Vielleicht daran, dass das freundliche Lächeln unseres Gegenübers aufgesetzt wirkt? Oder daran, dass seine scheinbare Lockerheit in keiner Weise zu seinem besitzergreifenden Händedruck passt, mit dem er uns begrüßt, und uns dabei viel zu nah an sich heranzieht?

Wer ohne Kenntnis körpersprachlicher Regeln eine andere Körperhaltung „ausprobiert", kann leicht einen unglaubwürdigen oder albernen Eindruck machen.

Gesten lassen sich zwar nachmachen; ihre Bedeutung jedoch ist nicht in jedem Zusammenhang gleich. So wie das Wort „schlagen" in einem Gespräch den Sieg in einem sportlichen Wettkampf meinen kann, steht es in einem anderen für eine Prügelei, die auf einem Schulhof stattgefunden hat. Stets ist es der Kontext, durch den ein Wort seinen Sinn erhält und der auch der Körpersprache ihre Bedeutung verleiht. Eine Person kann mit verschränkten Armen Zurückhaltung demonstrieren. Mit dem entsprechenden Gesichtsausdruck lässt sich dahinter Arroganz vermuten. Vielleicht ist ihr aber auch nur kalt? Für die Körpersprache gilt also wie für die Verbalsprache: Passt die „Äußerung" nicht zur Situation, läuft man Gefahr, sich Ärger einzuhandeln oder sich lächerlich zu machen.

Äußerlichkeiten sind immens wichtig und niemand ist frei davon, andere Menschen danach zu beurteilen. Lernen wir jemanden kennen, dessen Aussehen uns stark an unseren Nachbarn erinnert, mit dem wir kurz zuvor eine gerichtliche Auseinandersetzung hatten, ist es durchaus möglich, dass diese Person allein aufgrund dieser Ähnlichkeit keine Chance hat, positiv bei uns anzukommen. Ohne Zweifel sind das äußere Erscheinungsbild und die Körpersprache zwei der am stärksten wirkenden Instrumente. Schließlich nehmen wir den größten Teil unserer Umwelt zunächst über das Auge wahr. Wir müssen nicht wissen, was oder wie ein Mensch denkt, wir müssen auch nicht seine Stimme hören; es reicht, ihn zu sehen, um uns einen Eindruck zu verschaffen. Wobei „verschaffen" vielleicht noch nicht einmal das richtige Wort ist. Richtiger ist wohl „erhalten". Denn gegen den viel zitierten ersten Eindruck können wir rein gar nichts tun – er drängt sich uns auf, ob wir wollen oder nicht.

Wir alle haben bestimmte Bilder im Kopf und verbinden Äußerlichkeiten mit bestimmten Eigenschaften. Ein Mann im klassischen Businesslook – Anzug, Krawatte, schwarzer Halbschuh, Aktenkoffer – vermittelt uns problemlos Seriosität und Glaubwürdigkeit; anders als ein Student in Jeans und Sweatshirt. Für einen Versuch wurde einem Mann in studententypischer Bekleidung der Auftrag gegeben, bei Rot über eine Fußgängerampel zu gehen. Neben der Testperson standen zahlreiche andere Passanten ebenfalls an der Ampel und warteten auf Grün. Der das rote Signal ignorierende „Student" blieb denn auch weitgehend ohne Gefolgschaft, überdies handelte er sich von anderen Passanten sogar noch Zurufe ein wie: *„He, es ist rot, denk' mal an die Kinder!"* oder *„Na, kann's nicht schnell genug gehen?"* Im zweiten Teil des Tests schickte man einen Tester, Typ Businessmann, über die rote Ampel. Das Ergebnis: Nicht nur die empörten Rufe und Ermahnungen blieben fast vollständig aus. Im Gegenteil, nicht wenige Passanten schlossen sich seinem Beispiel an und überquerten nun ebenfalls bei Rot die Ampel. Die Erklärung ist einfach: Wenn ein Geschäftsmann eine Regel verletzt, unterstellt man ihm wesentlich bereitwilliger einen guten Grund als einem Studenten. Dieses Verhalten ist vollkommen normal und sollte uns weder überraschen noch erschrecken. Es zeigt deutlich die Wirkung des ersten Eindrucks.

Im Gegensatz zu veränderbaren Äußerlichkeiten wie Kleidung, Schuhe oder Accessoires ist die Körpersprache ein viel zuverlässigeres Kriterium. Sie definiert uns eindeutig als uns selbst. Mit unserem Körper zu lügen ist weitaus schwieriger und durchschaubarer als eine Kombination aus Anzug und Aktenkoffer oder eine perfekte Wortwahl. Worte können lügen, der Ausdruck unseres Innern nicht. Weil jeder von uns dies intuitiv spürt – schließlich trifft es auf jeden von uns zu – beurteilen wir Menschen nur zu maximal zehn Prozent nach dem, was sie sagen, und zu etwa 60 Prozent nach ihrer Körpersprache. Der Rest entfällt auf die Stimme.

Frauen empfinden Unstimmigkeiten in der Körpersprache übrigens stärker als Männer. Letztere sind in den meisten Fällen zu grobmotorisch, zu wenig empathisch und vielleicht auch zu viel mit sich selbst und ihrem harten Alltag beschäftigt, um auf derlei Kleinigkeiten achten zu können. Überdies war es evolutionär für Männer vermutlich nicht so wichtig, die feinen Veränderungen des Umfelds wahrzunehmen; Mammuts haben eben doch mehr Radau gemacht als der eigene Nachwuchs.

1.3 Die manipulative Macht von Körpersprache

Auf politischer Ebene war und ist die Wirkung von Körpersprache schon immer ausschlaggebend: Bereits im Mittelalter durfte beispielsweise der englische König jeden Untergebenen, der ihn – sei es selbst aus Versehen – berührte, an Ort und Stelle zum Tode verurteilen und dieses Urteil sofort vollstrecken. Im Zusammenhang mit dem Protokoll bei Staatsbesuchen werden auch heute noch bestimmte Rituale beachtet: Als Prinz Charles zusammen mit Camilla Parker Bowles am 29. April 2009

Bundespräsident Horst Köhler einen Besuch abstattete, wurde er von ihm lediglich im Foyer seines Regierungssitzes, dem Berliner Schloss Bellevue, begrüßt. Hätte es sich bei dem Besuch um die Queen selbst gehandelt, so wäre diese schon vor dem Schloss empfangen worden.

Im amerikanischen Präsidentschaftswahlkampf lag ein starker Fokus der Medien auf der Kleidung von Obamas Ehefrau Michelle. Kurz nach der Wahl schrieb beispielsweise ZEIT ONLINE: *„Mit der Wahl ihrer Kleider unterstreicht Michelle Obama [...] die Aussagen, für die ihr Mann steht."*

Da es in der Politik um Wirkung und Wählerstimmen geht, wäre es schlicht unklug, derlei Faktoren zu ignorieren.

Ein spannendes und aufschlussreiches Experiment wurde an der University of Minnesota durchgeführt, welches einmal mehr zeigt, welch enorm starken Einfluss die Körpersprache auf unsere Entscheidungen und unser Handeln nimmt. Es handelt sich dabei um den sogenannten „Telefonzellentest": *Auf die Ablage einer Telefonzelle wurde eine Münze gelegt. Der Tester wartete in einiger Entfernung, bis jemand die Münze sah und einsteckte. Diese Person sprach der Tester dann an und fragte:* „Haben sie zufällig eine Münze in der Telefonzelle gesehen? Ich habe sie vorhin versehentlich dort liegen lassen, aber ich brauche sie noch für ein Telefonat." *23 Prozent der Befragten (also nur knapp jeder Vierte) räumten ein, die Münze eingesteckt zu haben und gaben sie zurück. Im zweiten Versuchsdurchlauf wurde die Frage durch eine leichte Berührung am Ellbogen des „Finders" durch den Fragenden unterstützt. Nun gaben 85 Prozent*

der deutschen Finder zu, die Münze zu haben! 85 Pro-
zent – eine enorme Steigerung im Vergleich zum ersten
Durchlauf!

Drei Gründe erklären diesen erstaunlichen Unterschied:

- Die Berührung des Ellbogens verletzt nicht ausdrücklich die Intimdistanz.
- Durch den Körperkontakt entstand eine „Nähe"
  zwischen zwei sich bis dahin völlig fremden
  Menschen, die es dem Großteil der getesteten
  Personen schwer machte, den Fragenden zu belügen.
- Weil körperliche Berührungen unter Fremden, zumindest in der deutschen Kultur, eher unüblich sind,
  wirkte diese unerwartet erzeugte Nähe besonders
  stark.

Natürlich beantwortete keine der getesteten Personen die
Frage, warum er die Münze herausgibt, mit einem dieser
Gründe. Ganz selbstverständlich betonte man, dass man
ja eine ehrliche Haut sei und sich das eben so gehöre.
„Ich hätte das sowieso gemacht!" So oder ähnlich würde
man argumentieren. Doch es ist kein Schuldeingeständ-
nis, sich vor Augen zu halten, dass auch unsere Ehrlichkeit von Faktoren abhängig ist, derer wir uns oftmals
nicht bewusst sind. Wenn ich während eines Vortrages
diesen Test mit einem Teilnehmer demonstriere, stelle ich
ebenfalls zwei Durchläufe dar. Einmal stelle ich die Frage
mit, einmal ohne Berührung. Nicht selten nimmt der Teilnehmer die Berührung seines Ellbogens durch mich gar
nicht wahr. Und sogar die anderen Teilnehmer, die den
Vorgang beobachten, stellen oft keinen Unterschied fest;
sie übersehen die Berührung einfach (siehe Abbildung 1).

Abbildung 1: Eine Berührung schafft Nähe und macht sympathisch.

In der Gastronomie wurde dieser Effekt ebenfalls getestet: Servicekräfte wurden aufgefordert, ihre Gäste im Verlauf des Abends hin und wieder unaufdringlich zu berühren. Diese Berührungen, zum Beispiel an der Schulter oder am Ellbogen, meist in Kombination mit der Frage *„Darf ich Ihnen noch ein Getränk bringen?"* führten bis hin zur dreifachen Höhe des sonst üblichen Trinkgeldes. Natürlich ist in jedem Fall der gesunde Menschenverstand und ein gewisses Gefühl für Menschen und Situationen erforderlich: In einem Restaurant gehobenen Stils ist die Berührung eines Gastes weniger selbstverständlich als in einer gemütlichen Kneipe, in der man abends mit Freunden mal etwas trinken geht.

Darüber hinaus gibt es natürlich auch Menschen, die selbst eine solch unauffällige Berührung ablehnen. Als ich die „Telefonzellenfrage" einmal bei einer Dame demonstrierte, wurde sie durch die leichte Berührung ihres Ellbogens so sehr irritiert, dass sie meine gleichzeitig gestellte Frage überhörte. Anschließend teilte sie mir mit, dass sie derlei Berührungen als sehr unangenehm empfinde. Dies sind Ausnahmen; die Münze aus dem Test wäre jedoch in diesem Fall vermutlich verloren.

1.4 Fachwissen ist uninteressant!

Natürlich ist diese Aussage provokativ. Doch sie enthält mehr Wahrheit als man denkt! Nicht, was wir wissen, ist entscheidend, sondern vielmehr, wie wir dieses Wissen vermitteln und uns dabei selbst darstellen.

„Ich kann diese Aussage nur unterstreichen. Natürlich muss das, was der Redende vermittelt, auch einen gewissen Inhalt und Tiefgang haben, aber du musst deinen Gesprächspartner nicht zwingend mit reinem Fachwissen überzeugen. So ein Verhalten kann auch schnell nach hinten losgehen. Frei nach dem Motto: ‚Fachidiot schlägt Kunden tot.' Ich habe auch schon viele Vortragende erlebt, die eine hervorragende Körpersprache hatten und so ihr Publikum überzeugen und mitreißen konnten, obwohl ihre Vorträge wenig Inhalt hatten."

Martin Limbeck, Hardselling-Experte, *www.martinlimbeck.de*

Insbesondere in Unternehmen, in denen der Kundenkontakt zum Tagesgeschäft gehört, sollte man sich die Bedeutung des obigen Satzes häufiger vor Augen führen. Denn während der Mitarbeiter die eigene Profession vielleicht als wichtigstes Verkaufsargument betrachtet, setzt sein Kunde diese von vornherein voraus und nimmt sie – zu Recht – nicht als Bonus, sondern als völlig selbstverständlich hin.

Ein Versicherungsvertreter, der sich mit Versicherungen auskennt? Ein Friseur, der frisieren kann? Ein Einkäufer, der weiß, wie man Preise kalkuliert? Eine Führungskraft, die etwas zu sagen hat? Banalitäten, die nicht der Rede wert, weil selbstverständlich sind! Doch wie ist es hiermit: Ein Abteilungsleiter, der weiß, wann einer seiner Mitarbeiter unter Druck steht! Ein Personalchef, der nicht nur die Bewerbung, sondern auch den Bewerber lesen kann! Ein Verkäufer, der erkennt, wann sein Kunde abzuspringen droht! Eine Führungskraft, die weiß, wie man führt!

Seien wir ehrlich: Den zweiten Block können längst nicht so viele von uns mit „Ja" beantworten. Natürlich müssen wir in unserem Beruf Fachwissen haben und dieses beständig aktuell halten. Doch da dies von jedem ohnehin vorausgesetzt wird, ist es nicht das Kriterium, nach dem man uns bewertet. Sobald es um Soft Skills, die „weichen" Faktoren, geht, trennt sich die Spreu vom Weizen. Und da Körpersprache einen wesentlichen Teil unserer Kommunikation ausmacht, ist es nicht nur schlüssig, sondern zwingend notwendig, sich um die Wirkung von Körpersprache – der eigenen wie auch der Anderer – Gedanken zu machen (siehe Abbildung 2 auf der folgenden Seite).

Der Telefonzellentest macht deutlich, dass schon geringfügige körpersprachliche Aspekte einen starken Einfluss auf unser Verhalten haben. Eine andere Untersuchung ergab, dass Menschen, die ihre Aussagen mit Handgesten untermalen, als glaubwürdiger, zuverlässiger, sympathischer und kompetenter beurteilt wurden; und das vollkommen unabhängig von ihrer tatsächlichen Fachkenntnis! Wieder erkennen wir: Man muss nicht wissen, **was**, sondern lediglich, **wie**! Um nicht missverstanden zu werden: Ich halte es für unbedingt erforderlich und

Abbildung 2: Wer sich ausbreitet, fällt auf. Hauptsache, es steckt auch was dahinter.

eine selbstverständliche Grundlage seriöser Arbeit, über echte Kompetenz zu verfügen. Nur werden wir aufgrund dieser eben kaum beurteilt.

Wir sollten uns diese Tatsache häufiger bewusst machen! Unter anderem ermöglicht sie Betrügern immer wieder, sich an anderen Menschen unrechtmäßig zu bereichern. Dringen dann besonders dreiste Fälle an die Öffentlichkeit, wie die des Gert Postel, wundert sich das ganze Land, wie solch eine Täuschung überhaupt möglich gewesen ist. Postel gelang es, sich jahrelang erst als Arzt, dann als Oberarzt auszugeben und schließlich sogar eine Chefarztposition angeboten zu bekommen, ohne je überhaupt Abitur gemacht zu haben!

Menschen beurteilen andere Menschen zu mehr als 50 Prozent nach ihrer Körpersprache. Dieses Wissen und weitere Kenntnisse machte Postel sich auf kriminelle Weise zunutze und narrte auf diese Weise medizinische, politische und sogar kirchliche Kreise.

Da es sich bei der Körpersprache um einen weichen Faktor handelt, entzieht sich ihre Wirkung allerdings im Vergleich zu harten Faktoren wie Preiskalkulationen oder Lieferbedingungen der exakten Erfolgsmessung. Dies ist vermutlich auch der Grund, weshalb nur wenige Unternehmen ihre Mitarbeiter in diesem Bereich sensibilisieren. Stattdessen reihen sie eine Produktschulung an die nächste. Damit tragen sie allerdings nicht nur zu mehr Fachkenntnis bei, sondern auch zu der Ansicht bei den so Geschulten, dass sie sich über sonstige Faktoren keine Gedanken machen müssen.

2.
Die häufigsten Irrtümer und Halbweisheiten über Körpersprache

Wie überall gibt es auch in der Körpersprache Irrtümer, die sich seit vielen Jahren halten. Die häufigsten führe ich hier auf:

Verschränkte Arme sind immer negativ

Falsch! Warum sollte es negativ sein, wenn wir mit verschränkten Armen beispielsweise an der Bushaltestelle stehen oder auf jemanden warten? Diese Armstellung bedeutet mitunter gar nichts, außer, dass man im Moment keinerlei Grund hat, aktiv zu werden. Ebenso könnte man die „Hände in den Schoß legen".

Übereinandergeschlagene Beine deuten immer Ablehnung an

Auch falsch! Tatsächlich handelt es sich hierbei um eine Position, die man oft aus reiner Bequemlichkeit oder Gewohnheit, ohne nennenswerten emotionalen Hintergrund, einnimmt. Handelte es sich dabei stets um Ablehnung, müssten wir alle wohl davon ausgehen, dass uns jeder mal ein bisschen ablehnt. Zwar gibt es Situationen, in denen das Übereinanderschlagen eindeutig zur Distanzierung eingesetzt wird; doch im Allgemeinen ist diese Geste weitaus weniger bedeutsam als angenommen. Übrigens hat man festgestellt, dass über die Hälfte der Menschen das linke über das rechte Bein schlägt.

Herabhängende Arme deuten Langeweile an

Wenn Schultern und die Mimik ebenfalls hängen – vielleicht. Doch dann kann es ebenso gut Resignation sein. Doch jemand, der einer Zuhörerschaft vorgestellt wird und dabei seine Arme locker neben dem Körper herabhängen lässt, begleitet von einem aufmerksamen

Blick in die Runde, macht ganz und gar keinen gelangweilten, sondern vielmehr einen selbstbewussten und gelassenen Eindruck. Weder hat er es nötig, seine Hände schützend vor sich zu halten, noch sie demonstrativ auf den Rücken zu legen, um damit Selbstsicherheit zu demonstrieren. Er ist ausgeglichen und wartet ab, bis er an der Reihe ist, um dann mit Armen und Händen gemäß den Erfordernissen aktiv zu werden.

Körpersprache ist lediglich Ausdruck von Bequemlichkeit

In den meisten Zusammenhängen stimmt diese Behauptung nicht ganz, sonst dürften wir manche Gesten nie und müssten andere viel häufiger benutzen. Berücksichtigen wir allerdings, dass Bequemlichkeit auch etwas mit unserem inneren Befinden zu tun hat, wird ein Schuh draus: Wer schüchtern und zurückhaltend ist, fühlt sich körpersprachlich hinter einem Tisch wohler als ohne. Und wer sich für den Chef hält, wird sich in den Mittelpunkt drängen und trotzdem einen anderen Grund dafür vorschieben, weshalb dort der bessere oder eben bequemere Platz für ihn sei, obwohl diese Bequemlichkeit einzig seinem Geltungsbedürfnis entspringt.

Schreibe nie mit dem Rücken zum Publikum

Dieser Satz ist schlicht und einfach eine überholte Regel! Zwar wäre es sicher für unsere Zuhörer unangenehm, wollten wir ein Buch an die Tafel schreiben, während diese hinter uns sitzen und warten, bis wir damit fertig sind. Doch im Allgemeinen schreibt man nur einzelne Stichworte oder Sätze an die Tafel oder das Flipchart. Warum sollte man sich zu diesem Zweck nicht einfach ganz normal hinstellen und etwas anschreiben? Wieso sollte man sich verrenken, während man etwas **vor sich** anschreibt, um dabei gleichzeitig **hinter sich** die Menschen im Blick zu haben? Schreiben Sie – doch reden Sie dabei nicht! Und zwar deshalb, weil Sie dann zur Tafel redeten und man Sie nicht verstünde. Wenn Sie reden wollen oder müssen: Hören Sie mit dem Schreiben auf! Doch verrenken Sie sich nicht den Oberkörper. Es sieht albern aus und ist vollkommen überflüssig.

Abbildung 3: Schreiben Sie – aber reden Sie dabei nicht. Und umgekehrt.

Seminarübungen bringen nichts, weil die Situation nicht echt ist

Klar – und die Erde ist eine Scheibe! Wie falsch dieser Satz ist, habe ich während zahlloser Theaterimprovisationen und Trainings feststellen können. Er soll wohl eher über den Versuch hinwegtäuschen, unliebsame Übungen oder Rollenspiele in Trainings zu umschiffen, weil man Angst hat, sich vor anderen zu blamieren. Diese Sorge ist verständlich; die Aussage wird dadurch allerdings nicht richtiger! Auch wenn wenige Ausnahmen die Regel bestätigen: In schwierigen oder ungewohnten Situationen – Übungen und Trainings gehören dazu – greifen die meisten Menschen auf gewohnte Verhaltensmuster zurück, weil man sich mit ihnen sicherer fühlt. Und wer dies tut, ermöglicht es, diese Muster zu untersuchen und gegebenenfalls zu verändern. Außerdem: Wie sollte man etwas üben, wenn man nicht bereit ist, sich in eine Übungssituation zu begeben?

3.

Baustein 1:
Signale richtig deuten

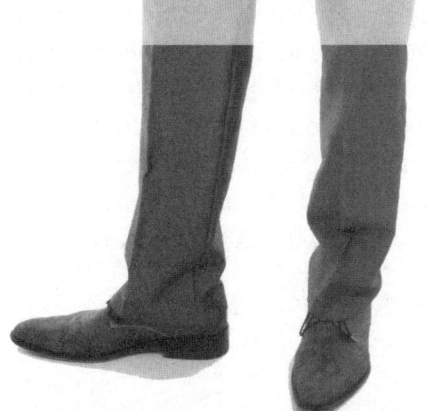

Körpersprache sagt etwas aus über den Menschen, der sie hat. Was genau das jedoch ist, hängt von einer ganzen Reihe Faktoren ab, die sich letztlich nicht erschöpfend darstellen lassen. Pauschale Aussagen über die Bedeutung einzelner Gesten mögen geeignet sein, das Bedürfnis nach schnellem Wissen zu befriedigen. Werden diese jedoch nicht von situationsspezifischen Informationen begleitet, erschließt sich uns die wahre Bedeutung oft nicht. Folgender Satz ist deshalb ganz wichtig:

Nichts gilt zu 100 Prozent!

Wir sollten nie vergessen, dass wir uns irren können oder Signale schlicht falsch interpretieren. Und wie überall gibt es Ausnahmen. Allerdings mache ich häufig die Erfahrung, dass die meisten Menschen für sich in Anspruch nehmen, zu diesen Ausnahmen zu gehören. Jedoch definieren sich Ausnahmen eben dadurch, dass sie selten vorkommen; die meisten von uns wollen einfach nicht zugeben, dass sie durchschaubar sind.

Körpersprache zeigt Dinge, die Worte oft verbergen sollen, sie verrät uns, wenn wir lügen. Ihre Wirkung ist, wie zahlreiche Studien belegen, von enormer Bedeutung für erfolgreiche und respektvolle Kommunikation. Sie trägt zu über 50 Prozent zu dem Eindruck bei, den andere von uns gewinnen. Allerdings sollten wir einige Vorbedingungen beachten, um nicht pauschal ein Urteil zu fällen und damit einem Menschen Unrecht zu tun beziehungsweise ihn falsch einzuschätzen.

3.1 Irreführende Körpersignale

Zunächst einmal muss eine auf die innere Haltung Rückschlüsse erlaubende Körpersprache frei von krankheitsbedingten Einflüssen sein. Wer vor diesem Hintergrund bestimmte Bewegungen macht oder einzelne Gesten nicht machen kann, dessen Körpersprache entzieht sich zumindest punktuell einer stimmigen Interpretation.

Ein weiteres Ausschlusskriterium sind Macken und Ticks, individuelle Eigenheiten also, die ebenfalls keinen allgemeingültigen Rückschluss erlauben. Dies kann ein Blinzeln sein, ein wiederholtes Nasereiben, das Zucken der Oberlippe oder andere mehr oder weniger auffällige oder irritierende Gewohnheiten.

Drittens: Eine Geste allein kann kaum zutreffend interpretiert werden, da sie auch nie allein auftritt. Stets haben wir es mit Gestenkomplexen, bestehend aus zwei, drei oder mehr Signalen zu tun. Ein im Sitzen nach vorn gebeugter Oberkörper allein kann Zuneigung ausdrücken, in Kombination mit einem auf die Stuhllehne aufgestützten Arm und einem vorgestellten Fuß ist er jedoch ein Hinweis darauf, dass der Betreffende in Aufbruchstimmung ist. Kommen nun noch eine geballte Faust, zusammengebissene Zähne und eine vorgestreckte Stirn hinzu, kann es jeden Moment zur Schlägerei kommen. Kombiniert mit der Mimik, unter Berücksichtigung der Situation, des Ortes, der beteiligten Personen sowie deren Status kann die Bedeutung einer Geste also sowohl positiv als auch neutral oder negativ sein.

Der entscheidenste Punkt, den wir vor der Interpretation von Körpersprache beachten müssen, ist: Es muss sich um unbewusste Signale handeln. Natürlich lässt sich nie gänzlich ausschließen, dass unser Gegenüber bestimmte Gesten bewusst nutzt, um uns zu beeinflussen oder einen bestimmten Eindruck zu hinterlassen.

Körpersprache lässt sich in drei Teilbereiche unterteilen: Motorik, Sensomotorik und Psychomotorik. Die Motorik ist der Bereich rein funktionaler und weitgehend bewusster Bewegungsabläufe, die wir bei allen körperlichen Handlungen vollziehen müssen, zum Beispiel zeigen wir in einem Beratungsgespräch auf ein Produkt oder reichen ein Prospekt über den Schreibtisch.

Die Sensomotorik beschreibt körperliche Reaktionen auf sinnliche Wahrnehmungen, beispielsweise ein erschrockenes Zusammenfahren bei einem plötzlichen lauten Knall oder das Verziehen des Gesichtes, wenn man etwas Unangenehmes riecht.

Die Psychomotorik schließlich ist der Ausdruck der Gefühle: Jemand ist wütend und haut auf den Tisch, ein anderer hat herabhängende Mundwinkel, weil er traurig ist, der Dritte strahlt glücklich über das ganze Gesicht und tänzelt geradezu durchs Leben. Die Psychomotorik ist der interessanteste Bereich der Körpersprache. Durch sie äußern sich verborgene Ansichten, hier liegen geheime Wünsche und können versteckte Wahrheiten entdeckt und der „tatsächliche" Mensch erkannt werden.

3.2 Signale der Bequemlichkeit

Ob wir eine Position als bequem empfinden oder nicht, hängt nicht nur von physiologischen Aspekten ab. Da Körpersprache die äußere Darstellung unseres inneren Empfindens ist, gibt dieses vor, welche Haltung uns zu bestimmten Zeiten bequem ist und welche nicht.

Jemand, der in seinem eigenen Büro beim Sitzen das Bein über die Stuhllehne legt, findet diese Position vermutlich bequem. Gleichzeitig sendet diese Körperhaltung ein Signal von Selbstsicherheit und Überlegenheit: ‚In meinem Büro breite ich mich aus, wie ich will!' Das über die Stuhllehne geschwungene Bein dokumentiert seinen territorialen Anspruch und zeigt, wer der Herr in diesem Reich ist (siehe Abbildung auf der folgenden Seite). Betritt nun ein Vorgesetzter das Büro, wird er diese Position, wenn er klug ist, schnell auflösen; jetzt nämlich ist es sein Chef, der aufgrund seines höheren Status den größeren Territorialanspruch hat. Es wäre also nicht länger „bequem", das Bein über die Stuhllehne zu hängen. Bequem ist das, was momentan unserer inneren Haltung entspricht. Wer Ihrem Vortrag mit auf beiden Händen aufgestütztem Kopf und hängenden Mundwinkeln lauscht, mag argumentieren, dies sei bequem; Sie sollten dennoch seine Worte in Zweifel ziehen und darüber nachdenken, Inhalt oder Tempo zu variieren, damit die Person nicht endgültig einschläft.

Sie erinnern sich: Nicht jede Geste bedeutet in jeder Situation das Gleiche. Mitunter entspringt unsere Körpersprache tatsächlich reiner Bequemlichkeit und gibt keinen nennenswerten Hinweis auf unser emotionales

Abbildung 4: Das Bein über der Stuhllehne: Territoriale Geste oder einfach entspannt?

Befinden. Verbringen zwei Freunde gemeinsam einen Abend mit Bier und Chips vor dem Fernseher und schlägt einer von beiden sein Bein über die Stuhl- oder Sessellehne, steckt vermutlich tatsächlich nicht mehr dahinter als Entspanntheit. Und wer die Seite der übereinander geschlagenen Beine wechselt, tut dies vielleicht deshalb, weil sonst die Blutzirkulation spürbar beeinflusst wird – und das wäre ja schließlich ziemlich unbequem.

3.3 Ein Gruß aus der Steinzeit: Körpersignale und Distanz

Für zahlreiche unserer Gesten liefert Distanz eine ursächliche Begründung. Sei es, dass manche Menschen ganz besonders auf ihre Einhaltung achten oder diese mit ihrem Verhalten unbewusst oder absichtsvoll verletzen. Distanz zu Anderen gibt uns Raum für Bewegung. Nähe kann diesen Bewegungsspielraum einengen, es sei denn sie ist gewünscht. Das ist nicht nur räumlich zu verstehen. Distanzzonen spielen in vielen Situationen des Lebens eine wichtige Rolle und finden ihren Ausdruck auch in unserer Sprache. So kennt man in Bezug auf korpulente Personen zum Beispiel die Aussage, diese hätten sich „einen Panzer zugelegt", um gegen emotionale Verletzungen geschützt zu sein. Aufdringliche Blicke geben insbesondere Frauen das Gefühl, man wolle sie „mit Blicken ausziehen" und wer in einem Bewerbungsgespräch seine Unterlagen zu großzügig auf dem Tisch des Personalchefs ausbreitet, macht diesem „sein Revier" streitig. Für die Beurteilung von Körpersprache sind Distanzzonen daher ein wichtiger Aspekt und ein grundlegender Faktor.

Wer zu Beginn eines Vortrages die Arme ausbreitet und seine Zuhörer herzlich willkommen heißt, benötigt dafür viel Platz – denn körpersprachlich öffnet er sich, um alle Anwesenden „in seine Arme zu schließen". Kleine, verhaltene Bewegungen hingegen, sich nicht vom Fleck rühren, dabei gleichzeitig die Hände vor der Brust verschränken und mit hängenden Schultern den Kopf senken signalisiert: *„Schaut mich nicht an, ich wäre am liebsten so klein, dass ich nicht mehr zu sehen bin."* Jemand, der gegen seinen Willen vor anderen Menschen auftreten muss, wird dies zwangsläufig mit seinem Körper ausdrücken. Er errichtet Barrieren mit den Armen, nutzt Hilfsmittel wie ein Rednerpult oder eine Kladde, die vor den Körper gehalten wird, oder stellt ein Bein vor das andere. Letzteres deutet nicht nur auf innere Unsicherheit hin, sondern verleiht dieser auch damit physiologischen Ausdruck, denn diese Position erlaubt nur einen sehr unsicheren, wackligen Stand. Auch ein Rednerpult ist nicht nur im Hinblick auf die Möglichkeit sinnvoll, Notizen vor sich abzulegen. Es ermöglicht zudem, sich mit beiden Händen daran festzuhalten und schützt durch seine Höhe fast den gesamten Körper vor „Angriffen".

Mitunter kann es sinnvoll sein, auf Distanz zu verzichten. So versuche ich generell, zwischen meinen Zuhörern und mir die größtmögliche Nähe zu gewährleisten. Bei Veranstaltungen, während der die Teilnehmer nur wenig notieren müssen, lasse ich deshalb nach Möglichkeit schon vorher die Tische aus dem Raum entfernen. Nicht wenigen ist diese Sitzordnung zunächst unangenehm, da die Distanz zu den anderen fehlt. Viel lieber würde man es sich an einem Tisch bequem machen, bietet dieser doch einen Wall, hinter dem man sich verstecken kann und sicherer fühlt. Im Seminarverlauf stellt sich jedoch meist heraus, dass sich durch die so erzeugte Nähe zwischen allen Anwesenden ein größeres Vertrauen sowie mehr Akzeptanz und Offenheit entwickeln.

Distanzzonen sind nicht überall auf der Welt gleich groß. Generell haben die Deutschen ein größeres Distanzbedürfnis als beispielsweise Italiener. Auch wenn für eine ganze Reihe von Ländern ähnliche Angaben gelten (zum Beispiel für Großbritannien), beziehen sich die folgenden Ausführungen in erster Linie auf Deutschland.

1. Die Intimdistanz

Sie hat einen Radius von etwa 50 bis 70 Zentimetern um unseren Körper. Meist entspricht sie in etwa einer Armeslänge. So strecken wir beispielsweise unseren Arm mit erhobener Hand von uns, wenn wir Jemandem ein Stopp-Signal geben wollen, damit dieser nicht weiter auf uns zukommt.

Nur Wenigen erlauben wir Zutritt zu unserer Intimdistanz: Eltern und Geschwistern, Lebenspartnern, unseren Kindern, guten Freunden und Verwandten sowie unseren Haustieren. Darüber hinaus gestatten wir anderen Menschen die Verletzung dieser Zone nur in unvermeidbaren Ausnahmefällen: Dem Nebenmann, der in der überfüllten U-Bahn dicht an uns gedrängt steht, dem Arzt, der uns untersucht, oder der Physiotherapeutin, die uns in der Rehaklinik behandelt.

Abbildung 5: Der Klassiker in Sachen Distanzverletzung: So einen Chef bitte nicht!

Die Einhaltung der Intimdistanz ist in den meisten Fällen allein dadurch gewährleistet, dass man die eigene ignorieren müsste, um anderen zu nahezukommen. Tut jemand dies trotzdem, hat er entweder ein anderes Platzbedürfnis – zum Beispiel, weil er aus einem anderen Kulturkreis kommt – oder er tut es bewusst; beispielsweise um sein Gegenüber zu schwächen oder weil er sich die Erlaubnis wünscht, sich dieser Person mehr als üblich nähern zu dürfen. Ein Beispiel dafür ist die klassische Büroszene, in der sich der Chef der am Schreibtisch sitzenden Sekretärin von hinten nähert, seine beiden Arme rechts und links an ihr vorbei auf dem Tisch abstützt und damit zwangsläufig ganz dicht hinter ihr gebeugt steht – angeblich, um einen besseren Blick auf ihre aktuelle Tätigkeit werfen zu können. Eine Annäherung, die schon deshalb unangenehm ist, weil sie buchstäblich hinter unserem Rücken stattfindet. Menschen akzeptieren die Verletzung der Intimdistanz leichter, wenn sie seitlich stattfindet. Wir stehen lieber Schulter an Schulter in einer Reihe **nebeneinander**, als Brust an Rücken in einer engen Schlange **hintereinander**.

Die persönliche Distanz

Sie folgt der Intimdistanz, beginnt demzufolge etwa 70 Zentimeter außerhalb unseres Körpers und hat eine Ausdehnung bis circa 1,50 Meter. Es ist die Distanz, innerhalb derer im Alltag private Kontakte relativ ungezwungen stattfinden. Auch Gespräche zwischen Kunde und Verkäufer können innerhalb dieser Zone geführt werden. Allerdings schadet es nicht, zu Beginn eines Gespräches als Verkäufer etwas zurückhaltender zu sein und einen größeren Abstand einzuhalten, es sei denn, man ist sich bereits eines herzlichen Verhältnisses zu seinem Kunden sicher. Die persönliche Distanz markieren wir gern dadurch, dass wir auf einem Tisch zum Beispiel persönliche Gegenstände positionieren. Das kann ein Glas sein, ein Kugelschreiber, ein Handy oder unser Autoschlüssel. Auf diese Weise markieren wir das Revier, das wir, zumindest für die Dauer eines Gespräches, für uns beanspruchen.

In Einzelfällen kann es angeraten sein, auf solch eine Markierung zu verzichten. Unter anderem dann, wenn wir anhand der Art und Weise, in der uns ein Gesprächspartner die Hand schüttelt, zu erkennen gibt, dass er zunächst auf Distanz bedacht ist (siehe Seite 78: Der gestreckte Arm). Dieses Signal sollten wir beachten und als Konsequenz daraus darauf verzichten, das Territorium unseres Gastgebers ungefragt mit Gegenständen zu beladen.

Ein weiteres Beispiel für Distanzverletzung ist der Fahrstuhl. Er zwingt seinen Nutzer, sich mit wildfremden Menschen auf kleinstem Raum aufzuhalten. Manche meiden Fahrstühle aus eben diesem Grund. Die persönliche, gegebenenfalls sogar die Intimdistanz wird verletzt. Erschwerend kommt hinzu, dass die wenigsten Fahrstühle Fenster oder Glasfronten haben, im Gegensatz selbst zu sehr kleinen Räumen gibt es kein Tageslicht. Zudem hat man für die Dauer der Fahrt keine Chance, zu fliehen. Die Gesellschaft mit Fremden ist zwingend, was unbewusst als bedrohlich empfunden wird. Selten wird Stille so deutlich „hörbar". Für die Nutzung von Fahrstühlen haben wir uns daher auf einige ungeschriebene Regeln geeinigt, die wir mehrheitlich beachten:

Niemanden ansehen!

Blickkontakt in Fahrstühlen ist „verboten"! Wer sich zu benehmen weiß, starrt wahlweise auf die Etagenanzeige oder auf die Auswahlknöpfe. Oder wir senken unseren Blick auf den Boden oder eine beliebige Stelle der gegenüberliegenden Fahrstuhlwand. Wichtig dabei ist, die Höhe von etwa einem Meter nicht zu überschreiten, da sonst unser Mitfahrer denkt, wir sehen ihn an! Der abgewandte oder gesenkte Blick stellt die im Fahrstuhl naturgemäß gestörte Distanz künstlich wieder her. Gleichermaßen signalisiert er den anderen Mitfahrern Friedfertigkeit. Ein direkter Blick wirkt leicht aufdringlich oder aggressiv.

Nicht sprechen!

Als wohlerzogener Fahrstuhlfahrer schweigt man! Ist man zu zweit unterwegs und lässt sich ein Gespräch nicht vermeiden, wird die Stimme zu einem kaum hörbaren Flüstern gesenkt. Faktisch hat dies keinen Nutzen, denn man versteht trotzdem jedes Wort – das Flüstern ist anderweitig begründet: Es dient als Signal, den ohnehin begrenzten Raum nicht überbeanspruchen zu wollen. Wer im Fahrstuhl flüstert, zeigt räumliche Bescheidenheit.

Mit dem Rücken zur Wand!

Wer klug ist, stellt sich mit dem Rücken an die dem Fahrstuhleingang gegenüberliegende Wand. So hat man alles im Blick und ist einigermaßen sicher, im Falle eines Übergriffes durch einen böswilligen Mitfahrer schnell reagieren zu können. Gehen Sie davon aus, dass dieser Platz bereits besetzt ist, wenn Sie den Fahrstuhl nicht als Erster betreten. Bei einem vollen Fahrstuhl gilt dies auch für alle anderen Plätze an der Fahrstuhlwand. Nur, wer dann keine andere Wahl mehr hat, stellt sich in die Mitte. Zweierlei spricht dagegen: Erstens mögen wir es nicht, wenn wir nicht wissen, was hinter unserem Rücken geschieht. Zweitens wird man ungewollt zum Mittelpunkt, auf den (vermutlich) Aller Augen gerichtet sind.

3. Die gesellschaftlich-wirtschaftliche Distanz

In einem Radius von etwa 1,50 bis 3,00 Meter um uns herum ist dies die Zone, in der wir Menschen im täglichen Umfeld begegnen, ohne ihnen emotional besonders nahe zu stehen. Ein anderes Wort dafür ist „Sozialdistanz".

4. Die öffentliche oder Ansprachedistanz

Lehrer, Trainer, Dozenten, Redner: Jeder, der unterrichtet oder referiert, bewegt sich darin. Die öffentliche Distanz beginnt bei etwa drei Metern. Ist dieser Abstand aufgrund räumlicher Gegebenheiten nicht herstellbar, so kann stattdessen zum Beispiel ein Verkaufstisch oder ein anderes Möbelstück eine Hürde schaffen, die diesen Abstand künstlich herstellt.

Der Begriff „Ansprachedistanz" lässt sich auch mit folgendem Beispiel erklären: Stellen Sie sich vor, Sie gehen durch eine Fußgängerzone, in der Sie in etwa 30 bis 35 Meter Entfernung einen Bekannten sehen. Vermutlich werden Sie nicht durch die ganze Fußgängerzone brüllen *„Hey Peter, was machst du denn hier?"* Vielmehr warten Sie, bis Sie einander nah genug sind, bevor Sie ihn ansprechen. Meist geschieht dies bei einer Entfernung von drei bis vier Metern, einem Abstand, bei dem unter normalen Umständen auch das akustische Verständnis gewährleistet ist.

Abbildung 6: Redner bewegen sich in der Ansprachedistanz.

Vermutlich ist die Bedeutung der Distanzzonen evolutionär überliefert: Schon damals stieg das Maß an Bedrohung im Verhältnis dazu an, mit dem sich ein Tier oder das Mitglied eines fremden Stammes näherte. An unserem Blickverhalten, das anhand zahlreicher Versuche mit einer sogenannten Augenkamera überprüft wurde, lässt sich heute ebenfalls feststellen, dass wir auf die Abbildung von Menschen wesentlich stärker reagieren als auf Bilder von Gegenständen. Erscheinen uns überdies Personen auf Fotos näher als andere – das Foto eines Gesichtes wirkt „näher" als eine Ganzkörperaufnahme – desto stärker wird unser Blick intuitiv auf dieses Bild gezogen. Vermutlich vergewissern wir uns auf diese Weise instinktiv, dass keine Gefahr droht.

Hilfreich ist die Kenntnis von Distanzzonen nicht nur bei der Interpretation von Körpersprache, sondern auch, wenn es darum geht, einen Raum für eine Veranstaltung vorzubereiten oder für eine Podiumsdiskussion die richtige Örtlichkeit auszuwählen. Schon einige Male war ich Gast in einer solchen Runde und durfte erleben, dass es keinesfalls eine glückliche Idee ist, vier oder fünf sich unbekannte Individuen aus Wirtschaft und Politik um einen kleinen Cocktailtisch zu platzieren. Gesellt sich dann auch noch der Moderator hinzu, wird ein offener Austausch schwierig.

3.4 Körpersignale aus der Dynamik zwischen Mensch und Raum

Wir alle wünschen uns, die uns unserer Ansicht nach zustehende Bedeutung zu erhalten. Eine Komponente, über die wir diesbezüglich einiges wissen müssen, ist der Raum, in dem wir uns bewegen und den wir uns nehmen. Eine ganze Reihe von Faktoren trägt nämlich nicht nur dazu bei, wie wir uns in einem Raum fühlen, sondern auch, wie wir innerhalb diesem von anderen *wahrgenommen* werden.

Abbildung 7: Unsere Wirkung im Raum hängt auch von dessen Größe ab.
(Foto: Florian Grob)

Anders als bei Bühnenschauspielern, deren Spiel dem Zuschauer einen Raum oft erst „erklären" muss, (befindet sich die Figur draußen oder drinnen, um was für einen

Raum handelt es sich), sind die Räume in unserem Alltag real, ihr Sinn und Zweck sind vorgegeben oder leicht
definierbar. Durch seine Größe, seinen Schnitt und seine
Einrichtung nimmt ein Raum zudem Einfluss auf die
Distanzzonen, über die wir im vorhergehenden Abschnitt
gesprochen haben. Darüber hinaus entscheiden die Farb-
gebung, der Stil der Einrichtung sowie die Helligkeit und
ob es sich um Tages- oder künstliches Licht handelt über
unser persönliches Empfinden.

Jeder Platz im Raum hat eine andere Bedeutung und
kann daher die eigene Wirkung hervorheben oder ungünstig beeinflussen. Während die größte Wirkung von
der vorderen Mitte ausgeht, wirkt man in die Ecke gedrängt ängstlich oder sogar panisch. Jemand, der im
Theater die Improvisationsaufgabe erhielte, etwas auf
majestätische Art zu präsentieren und sich dann seitlich an den Bühnenrand stellte, würde sofort korrigiert:
Eine Majestät agiert nicht vom Rand aus, vielmehr ist
sie Mittelpunkt des Geschehens. Anders ist es, wenn
dieselbe Figur einen Vorgang beobachtet: Majestäten
tun dies stets auf eine Weise, die ihnen gestattet, nach
vorn blickend den gesamten Schauplatz des Geschehens
zu übersehen. Aus der Geschichte wissen wir, dass der
König immer in einiger Distanz zum Schlachtfeld den
Verlauf des Kampfes beobachtete. Wie majestätisch wäre
es wohl, müsste er sich den Hals verrenken, um zu er-
fassen, was geschieht?

Körpersprache und Raum sind nicht statisch in ihrer
Wirkung und Aussage. Ob Orte oder Gesten richtig ge-
wählt sind, entscheidet das Geschehen, der Kontext. Zwar
beobachten in heutiger Zeit Könige keine Schlachtfelder

mehr, unser körpersprachliches Verhalten allerdings hat sich diesbezüglich kaum verändert: Heutige „Könige" – Chefs, Abteilungsleiter, Vorgesetzte – haben zwar meist weniger Macht, dominieren jedoch nach wie vor einen Raum und beanspruchen diesen nach Belieben.

Wollen Sie einen Raum körpersprachlich dominieren, sollten Sie ihn möglichst gut kennen und um die Wirkung der wichtigsten Positionen wissen: Die Mitte ist der Ort, an dem alle anderen Sie wahrnehmen und auf Sie aufmerksam werden, während Sie von der hinteren Wand das Gesamtgeschehen am besten übersehen. Der vordere Rand (einer Bühne) eignet sich für die direkte Ansprache; von dieser Position aus erzielen Sie bei Bedarf förmlich Zuhörzwang beim Publikum. Die Seitenwände haben eher eine schwache oder bisweilen sogar negative Wirkung; der passive oder kritische Beobachter, der intrigante Zuflüsterer oder der neugierige Voyeur positionieren sich dort, gegebenenfalls in der hinteren Wandhälfte des Raumes. Die Ecken sucht man auf, wenn man sich aus Angst und Feigheit versteckt.

Natürlich können Sie letztlich jeden beliebigen Punkt eines Raumes nutzen, wenn er sich für die Darstellung oder Hervorhebung Ihrer Aussagen anbietet oder wenn Sie Ihr Publikum von allen Seiten unter Dauerfeuer nehmen wollen. Es liegt in Ihrer Hand, welche Bedeutung Sie einer Position zuweisen. Ein Raum ist und bleibt trotz allem immer nur ein Raum. Ihre Persönlichkeit ist wesentlich facettenreicher und dieser wird er sich stets unterordnen.

3.5 Wer ist der Chef? Signale sozialer Hierarchie

Klarheit über die Nutzung eines Raumes erlangt man unter anderem, wenn man weiß, ob man in einer Führungs- oder einer untergeordneten Position auftritt. Insbesondere für den geschäftlichen Kontext sollte man über den Unterschied zwischen Hoch- und Tiefstatus informiert sein. Wer hier einen Fehler macht, kann eine Situation sehr schnell zu seinen Ungunsten beenden. Während man im Hochstatus eine die Situation dominierende Funktion innehat, fällt der Tiefstatus der situativ untergeordneten Person zu. Dies hat nichts mit Geschlecht, Alter oder Bildungsgrad zu tun. Vielmehr ist es eine situationsabhängige Rollenverteilung.

Im privaten und gesellschaftlichen Kontext gelten zum Beispiel die Regeln: *„Der ältere Mensch grüßt den jüngeren"*, *„Die Dame grüßt zuerst den Herrn"* oder *„Der Hausherr begrüßt den Gast"*. In beruflichen Zusammenhängen werden diese Regeln zum Teil aufgehoben beziehungsweise durch andere ersetzt. Wenn ein 45-jähriger Bewerber auf einen 30-jährigen Personalchef trifft, wandelt sich die Regel *„älter grüßt jünger"* zugunsten der Regel *„Übergeordneter grüßt Untergeordneten"*. Ein Bewerber befindet sich automatisch im Tiefstatus, weil man in dieser Position derjenige ist, der etwas möchte, das ihm nur der Personalchef beziehungsweise die durch ihn vertretene Unternehmensleitung geben kann. Hinzu kommt das Hausrecht; der Bewerber ist Gast in den Unternehmensräumen und hat sich schon deshalb an bestimmte Gepflogenheiten zu halten. Dazu gehört unter anderem, das Büro des Personalchefs nicht unaufgefordert zu betreten.

Abbildung 8: Der „Hausherr" begrüßt zuerst und weist den Platz zu.

Häufig werde ich gefragt, ob man Kunden beim Betreten eines Einzelhandelsgeschäftes mit Handschlag begrüßen sollte und wem in einer solchen Verkaufssituation der Hoch- und wem der Tiefstatus zukomme. Generell haben Sie als Inhaber oder Mitarbeiter natürlich das Hausrecht auf Ihrer Seite. Vor dem Hintergrund des Spruches *„Der Kunde ist König"* rate ich jedoch davon ab, Neukunden per Handschlag zu begrüßen, da diese darüber vermutlich leicht irritiert sein könnten. Anders mag dies in Branchen sein, die von vornherein einen intimen Kontakt bedingen, zum Beispiel Friseursalons oder Kosmetikstudios. Auch bei Stammkunden lässt sich der Handgruß anders einstufen: Der Kunde, der schon beim Betreten des Geschäftes nicht nur mit Handschlag begrüßt, sondern auch namentlich angesprochen wird, erfährt in diesem Moment eine Sonderbehandlung, die als positiv erlebt wird, nach dem Motto: *„Hier kennt man mich!"*

Fehler bei der Zuordnung von Hoch- und Tiefstatus führen im Privaten vermutlich zu weniger dramatischen Konsequenzen als im geschäftlichen Kontext. Das liegt unter anderem daran, dass die Missachtung dieser Positionen zur Verletzung notwendiger Distanzen und gesellschaftlicher Regeln führt.

3.6 Mimik deuten: Was sagen Augen, Lächeln, Mund?

Die Augen

Ebenso, wie Augen Distanzen schaffen können, wo räumlich keine gegeben sind, können Sie auf Entfernung Nähe erzeugen. Im Fahrstuhl beispielsweise schauen wir einander nicht an; die Enge des Raumes wird durch die Vermeidung des Blickkontaktes kompensiert. Das gilt auch in überfüllten Bussen und U-Bahnen. In anderen Fällen wiederum nutzt man Blicke, um Distanzen zu überbrücken, zum Beispiel beim Flirten (siehe Abbildung 9).

Der direkte Blick in die Augen wirkt entweder selbstsicher oder – je nach Kontext – bedrohlich und aggressiv, während der scheue, schüchtern nach unten gerichtete Blick den Wunsch nach Zurückgezogenheit vermittelt. Insbesondere Männer schätzen die Wirkung von Blicken falsch ein. So neigen sie beim Flirten dazu, die Frau ihres Interesses mit Dauerglotzen beeindrucken zu wollen, nach dem Motto: *„Viel hilft viel."* Tatsächlich empfinden Frauen diese Blicke oft als aufdringlich. Die Redewendung *„jemanden mit Blicken ausziehen"* macht dies deutlich. Frauen haben ein stilvolleres Blickver-

Abbildung 9: Blickt man uns an oder an uns vorbei? Augen verringern Distanzen oder schaffen sie.

halten: Finden Sie einen Mann interessant, schauen sie für drei bis vier Sekunden zu ihm hinüber; in Abständen wiederholt sich dieser Vorgang. Der aufmerksame Mann, der dieses Verhalten wahrnimmt, wird darauf achten, ob die Frau Gesten macht, die auf Aufgeschlossenheit und Interesse hindeuten. Typisch sind hier das Zurückstreichen der Haare, zusammen mit dem Nach-hinten-werfen des Kopfes. Beide Gesten legen den Hals frei. Aus der Tierwelt kennen wir die Präsentation der Halsschlagader als Zeichen für Demut. Die Frau in der hier beschriebenen Situation deutet Aufgeschlossenheit an und ihr Interesse an einem Mann, der grundsätzlich als Beschützer in Betracht gezogen wird.

Im Allgemeinen wirkt ein offener, klarer Blick in die Augen sympathisch. Es ist ein Ausdruck von Wertschätzung, Respekt und Höflichkeit, die man anderen Menschen entgegenbringen sollte. Lehrer, Trainer, Referenten – jeder, der vor anderen auftritt, der Menschen unterrichtet oder trainiert, wird zu einem wesentlichen Teil danach beurteilt, ob er seine Teilnehmer oder Schüler anschaut. Wie gesagt: Anschauen, nicht starren!

Auch mangelnder Blickkontakt ist ein wichtiges körpersprachliches Signal. Wie so oft, muss man auch hier zwischen verschiedenen, situationsabhängigen Varianten unterscheiden. Wenn eine Person den Blick von ihrem Gesprächspartner abwendet, dann kann das bedeuten, ...

... sie hält diesen für völlig uninteressant.

Erachten wir unser Gegenüber eines Blickes nicht für würdig, entziehen wir ihm unsere Achtung dadurch, dass wir ihn nicht oder nur wenn unbedingt nötig anschauen. Ablehnung geht fast immer mit dem geringstmöglichen Blickkontakt einher. Überdies ist es eine typische Machtgeste von Personen, die es nicht nötig haben, sich mit kleinen Untergebenen oder sachlichen Banalitäten abzugeben.

... sie befürchtet, ihr Gegenüber zu reizen.

Ängstliche und schüchterne Menschen senken ebenfalls den Blick. Sie wollen vermeiden, ihrem Gegenüber in die Augen sehen zu müssen. Entweder, weil sie befürchten, diesen zu einer aggressiven Handlung zu animieren oder weil sie ein geringes Selbstbewusstsein haben.

... sie hat bis eben in Gedanken versunken einfach nur ins Leere geschaut und kehrt nun zurück.

Sicher kennen Sie das: Wir alle starren manchmal mit „glasigem" Blick irgendwo hin, ohne tatsächlich zu registrieren, was vor unseren Augen passiert. So sehr sind wir in unsere Gedanken versunken, dass uns nicht bewusst ist, wenn wir dabei in Richtung unseres Nachbartisches blicken und man sich dort bereits fragt, was wir wohl von ihm wollen. Kehren wir aus unserer Gedankenwelt zurück, finden wir uns schnell wieder in unser Umfeld ein und entlasten die anderen von unserem – nun wieder nach außen gerichteten – Blick. Erkennen kann man einen Menschen, der gerade „in sich unterwegs" ist, oft daran, dass nicht nur die Augen bewegungslos ins Leere starren, sondern auch der Rest des Körpers entweder bewegungslos ist oder eine bestimmte Geste oder Handlung gleichmäßig wiederholt. Solche Gesten können ganz unterschiedlich sein; während der Eine sich über die Hand streicht, wippt ein Anderer mit dem Fuß auf und ab und ein Dritter schnippt mit dem Finger. Oft haben die Betreffenden mit diesen Bewegungen bereits begonnen, bevor sie in die Gedankenwelt abgetaucht sind und setzen sie dann unbewusst fort.

... sie weiß, was sich gehört und möchte niemanden belästigen.

Sei das Interesse auch noch so groß: Jemanden fortwährend mit Blicken zu belästigen, stellt einen Eingriff in die Privatsphäre dar. Machen Sie sich das bewusst und wundern Sie sich nicht, wenn Sie verärgerte Reaktionen provozieren, sofern Sie es damit übertreiben.

... sie möchte den Blick auf ihr Inneres verbergen.
In uns bewahren wir unsere Gefühle auf. Ist ein Mann in eine Frau verliebt, von der er weiß, dass sie dieses Gefühl nicht erwidert, wird er es in bestimmten Situationen vermeiden, sie direkt anzusehen. Das aus seinen Augen sprechende Gefühl könnte ihn sonst verraten und zu einer für Beide unangenehmen Situation führen. Gleiches gilt für andere Emotionen.

Wollen Kinder sich verstecken, halten sie sich oft einfach die Augen zu. Sie glauben, weil sie nichts sehen, sähe man sie ebenfalls nicht. Werden die Kinder dann größer, kaufen sie sich verspiegelte Sonnenbrillen, hinter denen sie sich weiterhin verstecken; aber: Jemand, der nur glaubt, er sei cool, solange er die Augen verbirgt, ist es in Wahrheit nicht.

Das Erkennen von Stimmungen allein mittels der Augen-signale ist schwierig. Deshalb sollte es immer mithilfe der damit einhergehenden Mimik bewertet werden. Ein klarer, ruhiger Blick sendet stets ein Signal von Stärke und Entschiedenheit. In Verbindung mit einem Lächeln wirkt er selbstbewusst und offen, mit vorgeschobenem Unterkiefer aggressiv und angriffslustig oder, mit zur Seite geneigtem Kopf, aufmerksam zuhörend. Ein un-ruhiger Blick kann – je nach Situation – ängstlich, schüchtern oder unaufmerksam wirken, in keinem Fall jedoch ist er für unser Gegenüber angenehm, und mit-unter wird er als unhöflich empfunden. Verengte Augen wirken zornig, angriffslustig oder skeptisch und ab-schätzend. Jemand, der uns so erstmalig gegenübertritt, wird uns kaum für sich einnehmen können.

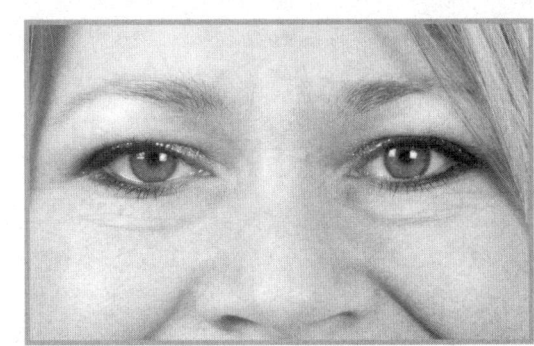

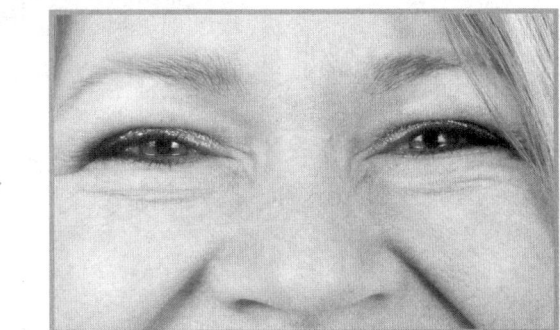

Abbildung 10: Augensignale – mal mit, mal ohne Gesamtansicht. Hätten Sie's erkannt?

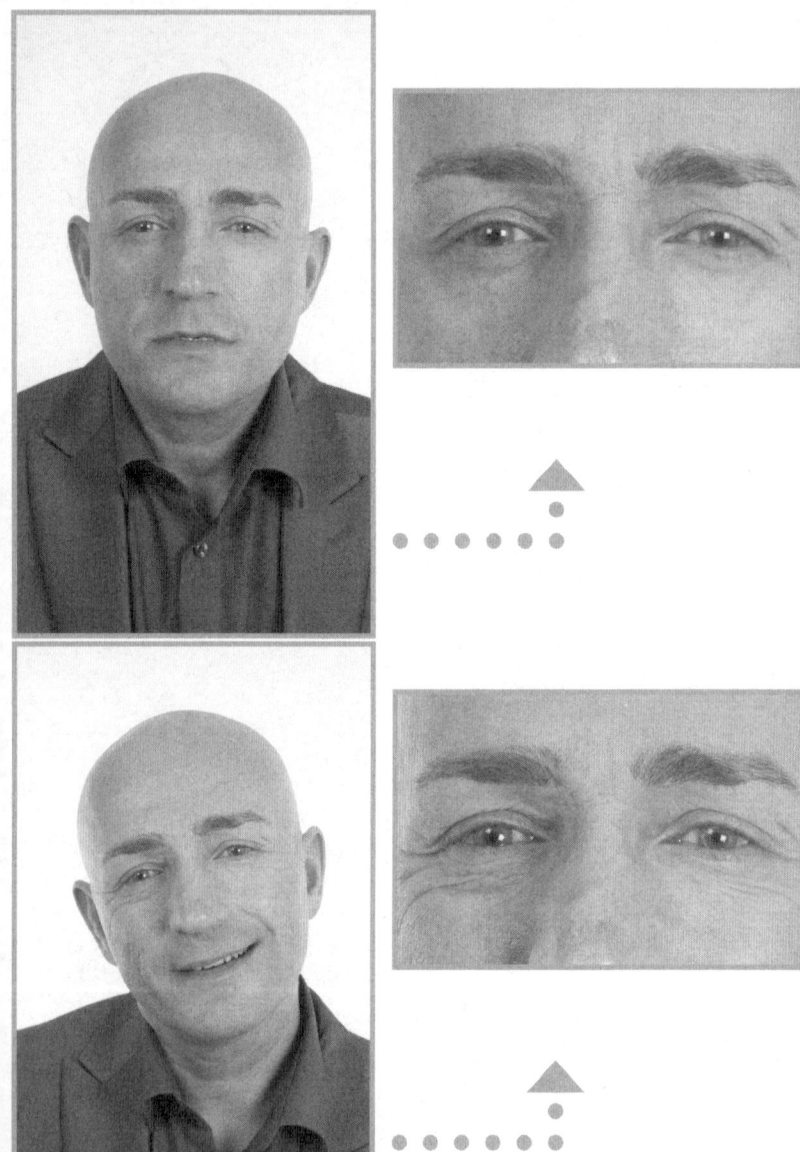

Abbildung 11: Augensignale – mal mit, mal ohne Gesamtansicht. Hätten Sie's erkannt?

Der Mund

Ein geschlossener Mund signalisiert, dass man selbst nichts sagen oder etwas lieber ungesagt lassen möchte oder einem Gespräch generell nicht aufgeschlossen gegenübersteht. Wenn man Ihnen ein Angebot macht, an dem Sie nicht interessiert sind, sagen Sie dies deutlich und schließen Sie anschließend den Mund. Ihr Gegenüber wird schnell begreifen, dass es für Sie nichts mehr zu sagen gibt, und seine Bemühungen einschränken. Lassen Sie Ihren Mund geöffnet, erkennt ein geübter Verkäufer schnell, dass Sie von einer Fortsetzung des Gespräches ausgehen. Sie können die Wirkung des geschlossenen Mundes noch verstärken, wenn Sie – vorausgesetzt, Sie stehen – Ihren Fuß beim Abschluss des Satzes ein Stück in Richtung Ihres Gegenübers nach vorn stellen und ihm dabei gerade in die Augen blicken.

Das Lächeln

„Das wichtigste Verhalten im Gespräch mit anderen Menschen ist ein positives, authentisches Lächeln der Freude."

Martin Limbeck, Hardselling-Experte

Ein Lächeln kann unterschiedliche Wirkungen haben, je nachdem, ob man mit offenem oder geschlossenem Mund lächelt. Zurückhaltende Menschen lächeln eher mit geschlossenem Mund, kommunikative oder redselige Personen haben ihn vermutlich geöffnet, um leichter ins Gespräch zu kommen.

Lächeln ist das deutlichste Zeichen für Sympathie und Freundlichkeit; es wird rund um den Globus als positiv und sympathisch empfunden: Vorausgesetzt, es ist echt! Beim falschen Lächeln sind die Augen nicht beteiligt, die sogenannten „Krähenfüße" sind nicht erkennbar. Echtes Lächeln ist ein Signal, mit dem man sagt: *„Ich bin nicht gefährlich, ich will dir nichts tun, sondern bin aufgeschlossen und an einem angenehmen Kontakt interessiert."*

Abbildung 12: Lächeln mit geöffnetem und geschlossenem Mund. Echt oder unecht?

Das unechte Lächeln wird sowohl mit geöffnetem wie auch mit geschlossenem Mund angewandt. Letztere Variante begegnet uns im Alltag zum Beispiel, wenn wir im Vorbeigehen einen entfernten Bekannten grüßen. Nach dem Tagesgruß ziehen wir meist mechanisch die Mundwinkel leicht nach oben. Lassen wir dabei den Mund geschlossen, ist dies ein Signal, dass wir in dieser Situation kein Gespräch führen wollen. (Sie kennen ja bestimmt den Gedanken: *„Hoffentlich hält der jetzt nicht an, ich wüsste gar nicht, was ich mit ihm reden sollte."*) Zusammen mit dem mechanischen Lächeln nicken wir unserem Gegenüber meist kurz zu, was bei diesem die gleiche Reaktion hervorruft. Trotzdem das unechte Lächeln oft als solches erkannt wird, hat es dennoch eine positive Wirkung: Schenken Sie einem mürrisch dreinblickenden Zeitgenossen ein Lächeln, sendet dieser Ihnen zumindest aus Höflichkeit ein Lächeln zurück. Für den weiteren Kontakt kann diese Geste eine wichtige Grundlage sein! Das unechte Lächeln mit geöffnetem Mund kennt man unter anderem von Prominenten: Sie setzen es häufig auf, damit sie auf Fotos gut gelaunt wirken.

3.7 Die Arme

Die Arme haben einen starken Einfluss auf unsere Wirkung. Jemand, der in aufrechter Stellung seine Arme locker neben dem Körper herabhängen sowie seine Augen freundlich und direkt in die Runde schweifen lässt, vermittelt einen selbstbewussten und gelassenen Eindruck. Anders derjenige, der seine Arme entweder vor der Brust verschränkt oder die Hände mit dem Handrücken nach vorn, wie eine Sperre, abwartend in der Freistoßposition hält. Letzteres sieht man, außer bei Fußballspielern vor einem Freistoß, die so ihren empfindlichen Genitalbereich schützen, oft bei Personen, die einer Gruppe von Zuschauern vorgestellt werden. Es ist eine typische Situation, in der man sich durch nervöse und fahrige Hand- und Armgesten verrät.

Die verschränkten Arme

Wohl kaum eine Geste wird so falsch bewertet wie diese! Immer wieder sagt man ihr nach, sie sei ausschließlich negativ und stehe für Ablehnung. Diese Pauschalaussage ist falsch. Stehen wir beispielsweise in dieser Position an einer Bushaltestelle, haben die verschränkten Arme nichts mit Ablehnung zu tun. Sie deuten schlicht und einfach an, dass wir in diesem Augenblick keinen Grund zur Aktivität sehen.

Zu Beginn von Veranstaltungen sehe ich diese Geste häufig bei Teilnehmern. Wieso aber sollten Menschen, die freiwillig eine Veranstaltung besuchen, diese ablehnen noch bevor sie begonnen hat? Nein – hier bedeutet diese Geste lediglich, dass es keinen Handlungsbedarf gibt, sondern man schlicht darauf wartet, dass der Redner beginnt.

Natürlich können verschränkte Arme auch Ablehnung oder Distanzierung bedeuten. Wer nach einem Argument des Gesprächspartners die Arme verschränkt und sich zurücklehnt, geht vermutlich zu seinem Gegenüber oder dessen Position auf Distanz. Unterhalten sich jedoch zwei Menschen angeregt über ein Thema gemeinsamen Interesses und gehen dabei bei einem die Arme in die verschränkte Position, deutet dies vermutlich an, dass er von

Abbildung 13: Oft falsch eingeschätzt: Verschränkte Arme. Dabei symbolisieren sie bisweilen einfach nur, dass es derzeit keinen Grund zur Aktivität gibt.

einem Dritten bei dieser Unterhaltung jetzt nicht gestört werden möchte. Überhaupt werden die verschränkten Arme häufiger von Männern als distanzierendes Signal eingesetzt. Bei Frauen signalisiert diese Geste eher den Wunsch nach Schutz, zum Beispiel vor Kälte.

Eine Variation der verschränkten Arme ist der „halbe Verschränker": Dabei wird lediglich ein Arm vor der Brust verschränkt, die Hand hält sich am anderen, am Körper anliegenden Arm fest. Diese Geste wirkt ebenfalls ängstlich und schutzsuchend und wird vorwiegend von Frauen angewandt.

Der Hüftaufsitzer

Die Hände in die Hüften gestemmt, mit nach außen ragenden Ellbogen, vergrößert man das beanspruchte Territorium. Wir kennen diese Geste, wenn sich jemand über etwas empört. Die verletzlichen Organe liegen frei, der Brustkorb hebt sich an, womit die ersten Signale von Bereitschaft zu Aktion und Widerstand angedeutet werden.

Diese Geste wird jedoch auch genutzt, um Unsicherheit zu kaschieren: Wenn man spürt, dass der Gesprächspartner dominant ist, dies jedoch nicht zu erkennen geben will, begibt man sich in diese Position, um zu zeigen, dass man sich den Raum nimmt, von dem man glaubt, er stehe einem zu. Doch unsere Körpersprache verrät uns auch hier: In solch einem Fall entweder durch den gleichzeitig zurückgelehnten Oberkörper oder dadurch, dass die Hände weniger in den Hüften als vielmehr im hinteren Lendenbereich aufgesetzt werden, so als wollte man sich selbst den Rücken stärken.

Abbildung 14: Ein Zeichen für Empörung und damit einhergehende Handlungs-
bereitschaft.

Abbildung 15: Zwar verbreitern auch hier die Ellbogen das Territorium; der zurückgelehnte Oberkörper jedoch verrät die Vorsicht durch seinen „Rückzug".

3.8 Die Hände

Handgesten senden neben unserer Mimik die auffälligsten Signale der Körpersprache. Die Hände ersetzen im Bedarfsfall sowohl gedruckte Schrift als auch die Verbalsprache. Ohne sie wäre Blindenschrift nicht lesbar und die Gebärdensprache nicht vorstellbar. Selbst für Menschen, die blind, taub **und** stumm sind, bieten die Hände eine Ersatzsprache, die mittels Berührung und Tastsinn verstehbar wird.

Hände geben Auskunft über unsere Verfassung. Sie verraten, ob wir ehrlich oder unehrlich, wütend oder gut gelaunt, desinteressiert oder aufgeschlossen sind, sie unterstreichen, heben hervor, unterdrücken, halten unten, loben, strafen, drohen, öffnen und verschließen, kurz: Sie senden all die Signale, die wir mit Worten oftmals nicht senden wollen. Die deutlichsten und wirkungsstärksten Handgesten sind die geöffneten Hände, die geballte Faust und der drohende Zeigefinger. Es ist bemerkenswert, wie viele Menschen nicht wissen, was sie mit ihren Händen anfangen sollen, sobald sie vor anderen zu sprechen beginnen. Da wird gerungen, geschüttelt, in die Hosentaschen gesteckt, mit dem Kugelschreiber gespielt oder man hält sich – sofern vorhanden – krampfhaft am Rednerpult, einem Mikrofon oder an seinen Unterlagen fest. Und ähnlich, wie es diesen Menschen vorher geht: *„Was um Himmels willen mache ich bloß mit meinen Händen?"*, so geht es ihnen oftmals auch danach: *„Was um Himmels willen, habe ich bloß mit meinen Händen gemacht?"* Nicht selten geschieht es, dass Seminarteilnehmer, am Ende einer Übung befragt, was sie währenddessen mit ihren Händen getan haben, keine Antwort darauf geben können – sie haben ganz einfach keine Ahnung! Wie kommt es, dass unsere Hände oftmals ein solch starkes Eigenleben entwickeln und wir sie kaum in den Griff bekommen?

Abbildung 16: Ein ausgewogener Händedruck: Hier ist ein fairer Austausch zu erwarten.

Unsere Hände beziehungsweise unsere Finger sind unsere empfindlichsten Körperteile. Unsere Fingerspitzen sind mit mehr Nervenbahnen als jedes andere Körperteil mit unserem Gehirn verbunden und ermöglichen uns, Wärme, Kälte, Materialien und Oberflächenstrukturen allein anhand von Berührungen zu erkennen. Bei so vielen Nervenbahnen werden nicht nur rein motorische, sondern auch psychomotorische Bewegungen übertragen, oder anders ausgedrückt: Unsere Gefühle zeigen sich durch unsere Hände – und je nach Art und Umfang, in dem wir unsere Hände nutzen, werden wir zu einem sehr großen Teil danach beurteilt. Tests haben ergeben, dass Menschen, die ihre Aussagen mit Handgesten untermalen, als glaubwürdiger, zuverlässiger, kompetenter und insgesamt sympathischer beurteilt werden – übrigens unabhängig von ihrer tatsächlichen Fachkenntnis!

Abbildung 17: Nach oben geöffnete Handflächen wirken glaubwürdig und kompetent. Allerdings nur oberhalb der Gürtellinie!

> Menschen, die ihre Aussagen mit Handgesten untermalen, werden als glaubwürdiger, zuverlässiger, kompetenter und sympathischer beurteilt – unabhängig von ihrer tatsächlichen Fachkenntnis!

Generell gilt, dass offene, sichtbare Handflächen positive Botschaften übermitteln, während der Handrücken eher negativ interpretiert wird. Nach unten weisende Handflächen deuten darauf hin, dass der Sprecher etwas bedeckt halten möchte, sei es aus Gründen der Diskretion, weil er lügt oder weil er etwas unterdrücken oder dominieren möchte. Die geöffnete Hand zeigt, je nach Kontext, dass man offen ist zu geben oder zu nehmen, und auch, dass man nichts zu verbergen hat. Während wir beispielsweise sagen: *„Tut mir leid, das weiß ich nicht"* heben wir unsere Hände mit nach vorn weisenden Handflächen in Höhe unseres Brustkorbes und beteuern damit unsere Ehrlichkeit.

In unserer Verbalsprache finden sich zahlreiche Ausdrücke, die die Bedeutung der Hand hervorheben:

- die Oberhand behalten
- etwas unter der Hand regeln
- etwas in der Hinterhand haben
- seine Hand auf etwas haben
- seine Hände über etwas/jemanden halten
- die Hände zum Gebet falten
- die Hand auflegen
- etwas selbst in die Hand nehmen

- etwas in den Griff bekommen
- mir sind die Hände gebunden
- jemandem die Hand (zum Gespräch) reichen
- jemanden an die Hand nehmen
- es liegt in deiner Hand
- etwas eigenhändig schaffen
- Hand in Hand arbeiten
- jemanden auf Händen tragen
- die Hand aufhalten
- die Hände in den Schoß legen
- Hand aufs Herz

Die Art, wie jemand seine Hände benutzt, mit ihnen „hantiert", sagt eine Menge über ihn aus. Bei einem Geschäftstermin ist die erste Gelegenheit, jemanden zu beurteilen, die Begrüßung per Handschlag. Ist der Griff fest oder locker? Scheint unser Gesprächspartner uns die Hand zerquetschen zu wollen oder hält er uns seine Hand einfach nur schlaff entgegen? Schüttelt er unsere Hand einmal, zusammen mit einem routinierten Lächeln, oder möchte er uns gar nicht mehr loslassen?

Handgrußgesten

Aller Wahrscheinlichkeit nach geht der uns heute bekannte Händedruck bei der Begrüßung auf die alten Römer zurück: Da Attentate früher nicht ungewöhnlich waren, diente das Zeigen der Handfläche dazu, sein Gegenüber davon zu überzeugen, dass man keine Waffe in der Hand trug. Eine andere Variante war es, sich gegenseitig die Hand um den Unterarm zu legen, ebenfalls um sicherzugehen, dass der andere keine Waffe im Ärmel versteckt hatte. Der militärische Gruß – die Hand an der Stirn – ist eine Ableitung des ehemals üblichen

Hut-Abnehmens zum Gruß. Da es bei der Armee zudem auf Ordnung, Disziplin und Einheitlichkeit ankommt, bleiben die Finger eng geschlossen und die Hand nimmt, ebenso wie der ganze Körper, eine aufrechte, gespannte Haltung ein.

Der ausgewogene Händedruck

Der ausgewogene Händedruck räumt beiden Seiten eine gleichberechtigte Position ein: Die Hände sind senkrecht nebeneinander, der Druck ist fest und bestimmt, ohne unbeherrscht oder lasch zu wirken. Begleitet wird er von einem klaren Augenkontakt und einem Lächeln. Er ist die beste Variante und lässt für das folgende Gespräch alle Optionen offen.

Die schlaffe Forelle

Kein zweites Mal möchte man eine solche Hand schütteln! Die schlaffe Forelle vermittelt einen nahezu leblosen Eindruck, dem jede Energie fehlt. Genau genommen wird sie nicht aktiv gegeben, sondern eher passiv hingehalten. Zwei Ursachen kommen in Betracht, erstens: Die Person ist an Ihnen beziehungsweise dem zu erwartenden Kontakt nicht interessiert. Sie investiert keinerlei Energie in dieses Treffen, was sich schon bei der Begrüßung in Form der schlaffen Forelle äußert. Diese Variante trifft man im Geschäftsbereich allerdings kaum an, da sie genau genommen unhöflich ist. Zu erleben ist sie bisweilen bei Jugendlichen, denen man in formellen Zusammenhängen sicherlich eine gewisse Gleichgültigkeit unterstellen darf.

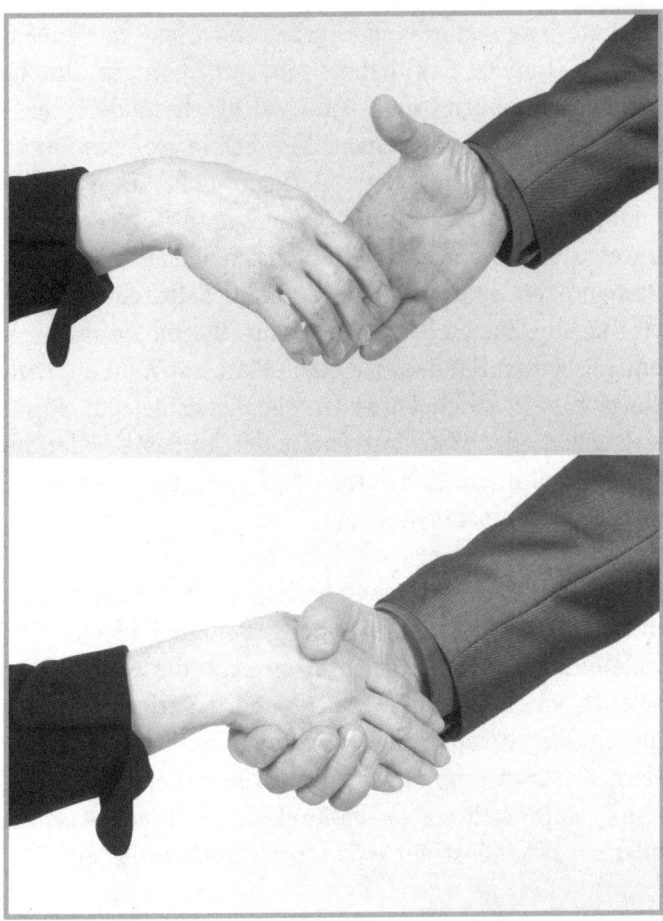

Abbildung 18: Die schlaffe Forelle: Sie wird leblos hingehalten und lässt sich nahezu willenlos „führen". Meist ein Zeichen für fehlendes Durchsetzungsvermögen.

Variante zwei ist die häufigere: Menschen mit einem solchen Händedruck haben ein nur geringes Durchsetzungsvermögen und sind nicht besonders entscheidungsfreudig. An einem Gespräch in größerer Runde beteiligen sie sich kaum oder gar nicht. Eine solche Energielosigkeit wird durch die gesamte Körperhaltung unterstützt: Sie ist kraftlos, zusammengesunken, die Bewegungen sind selten zielstrebig; Selbstbewusstsein strahlt eine solche Person nicht aus. Bieten Sie ihr nach einem solchen Händedruck einen Platz zur Wahl an, wird sie sich vermutlich entweder den nächstgelegen Stuhl aussuchen (der Weg dorthin ist der kürzeste) oder sie fragen, wohin sie sich setzen darf (weil sie nicht allein entscheiden möchte).

Den endgültigen Untergang besiegelt die schlaffe Forelle in der Dreierkombination schlaff, kalt und feucht. Wer Ablehnung erzeugen möchte, erreicht diese mit einer solchen Variante schnell, leicht und dauerhaft. Der auf diesem Weg erzeugte erste Eindruck kann nicht positiv sein. Wer sich bewusst ist, dass er zu feuchten Händen neigt, sollte sich vor einem Kontakt die Hände waschen oder sie zumindest mit einem Tuch trockenwischen.

Der Fingerbrecher

Der Fingerbrecher wird von ungestümen, oft unbeherrschten Charakteren angewandt, denen es an Feingefühl mangelt. Auch hier vermeidet man gern einen zweiten Händedruck. Fällt allerdings ein Vorgesetzter in diese Kategorie oder eine andere Person, der man häufiger begegnet, haben Sie zwei Möglichkeiten: Sie nehmen diese tatsächlich oft schmerzhafte Begrüßung hin und versuchen ernsten Verletzungen vorzubeugen,

Abbildung 19: Der Fingerbrecher ist die harte Variante der „Schraubzwinge". Dagegen hilft nur der Verzicht auf den Handgruß – oder ein dezenter Hinweis.

indem Sie vorher alle Ringe von Ihren Fingern entfernen, oder Sie machen den Fingerbrecher diskret auf seine unangenehme Eigenschaft aufmerksam. Die etwas harmlosere Variante des Fingerbrechers ist die „Schraubzwinge": Sie ist nicht ganz so schmerzhaft, deutet aber ebenfalls auf einen impulsiven Charakter hin.

Der Deckler

Hierbei reicht uns unser Gegenüber die Hand mit nach unten weisender Handfläche und steif ausgestrecktem Arm. Diese Variante ist zwar selten, begegnet sie einem jedoch, ist man irritiert. Menschen, die diese Variante gewohnheitsmäßig nutzen, erwarten meist, als Respekts- und Autoritätsperson betrachtet zu werden, denen man ein Mindestmaß an Gehorsam und Aufmerksamkeit entgegen bringt. Wie oben beschrieben, wird der nach oben weisende Handrücken meist negativ wahrgenommen. Hebt man die beim Deckler ausgestreckte Hand auf Kopfhöhe, erhält man den Hitlergruß, eine Geste, die vermutlich besser als jede andere die damit verbundene Unterdrückung zum Ausdruck bringt. Stellt man sich diesen Gruß mit nach oben geöffneter Handfläche vor, verliert er sofort an Bedrohlichkeit. Gehen wir auf den Deckler ein, indem wir unsere Hand unter die des Grüßenden schieben, ordnen wir uns ihm unbewusst unter: Er „deckelt" uns. Bildlicher wird es noch, wenn wir sagen: *„Er hat die Oberhand!"* Für das folgende Gespräch haben wir ihm damit körpersprachlich eine führende Position zuerkannt.

Abbildung 20: Der „Deckler" will führen und hält deshalb andere unten.

Im Zusammenhang mit hochrangigen politischen Treffen oder Staatsbesuchen sind alle Beteiligten daran interessiert, in den zahlreichen, diese Anlässe dokumentierenden Medien gut zu wirken. Daher wird es vermutlich nicht dem Zufall überlassen, wer von welcher Seite ins Bild kommt. Wenn zwei Staatspräsidenten freundschaftlich aufeinander zugehen und sich die Hände reichen, dann blickt der davor sitzende Zuschauer nämlich auf den Handrücken der linken Person – welche damit für ihn die Oberhand hat! Hochrangige Staatsmänner und Führungspersönlichkeiten können es sich nicht leisten, derlei Aspekte der Außenwirkung zu ignorieren, wenn ihnen an langfristigem Erfolg gelegen ist. Um einseitige Vorteile bei Staatsbesuchen zu vermeiden, einigen sich PR-Berater nach Möglichkeit auf ausgewogene Seitenwechsel oder ziehen andere Faktoren in Betracht. Die Körpergröße des ehemaligen Bundeskanzlers Helmut Kohl zum Beispiel war so beeindruckend, dass ihm die „Oberhand" eines 20 Zentimeter kleineren Kollegen kaum gefährlich werden konnte.

Der Ran- und/oder Runterzieher

Ebenfalls ein Handgruß machtgewohnter Menschen: Der andere wird mit einem Ruck beim Händedruck in die eigene Intimsphäre gezogen. Mitunter mischt sich der Ran- mit dem Runterzieher (siehe Abbildung 21 auf Seite 78). Bei letzterem zieht die Hand den anderen nach unten und versucht, ihn in eine untergeordnete Position zu bringen, gleichsam, als würde dieser einen Diener machen. Kommt der Griff an den Unterarm dazu, wird klar, wer hier die Führung übernehmen möchte. Verwechseln Sie diese Variante nicht mit dem ganz anders motivierten „begeisterten Zieher"; dieser zieht Sie ebenfalls mit der Hand in seine Intimsphäre, allerdings nur, um Sie im nächsten Moment vor lauter Glück und Freude, Sie begrüßen zu können, tatsächlich zu umarmen.

Abbildung 21: Besitzergreifend und nicht empfehlenswert: Der Ran- und Runterzieher.

Abbildung 22: Beim gestreckten Arm will man Sie aus dem eigenen Territorium heraushalten.

Der gestreckte Arm

Beim normalen Händedruck reichen sich die Grüßenden die Hände mit leicht gebeugtem Arm. Die dabei verbleibende Distanz entspricht in etwa der üblichen Intimdistanz. Reicht Ihnen jemand die Hand mit weit ausgestrecktem Arm (siehe Abbildung 22), kann dies darauf hindeuten, dass Ihnen diese Person zunächst zurückhaltend gegenübersteht oder generell ein größeres Platzbedürfnis hat. Nehmen Sie das nicht persönlich. Respektieren Sie dieses Bedürfnis einfach und achten Sie darauf, dass Sie persönliche Territorien dieser Person nicht unnötig beladen, zum Beispiel, indem Sie einen Aktenkoffer auf ihrem Schreibtisch abladen. Wer weiß, vielleicht taut sie mit der Zeit auf.

Der Schüttler

„Mit mir kann man reden" oder *„Ich freue mich wirklich aufrichtig, Sie zu sehen",* sagt der Schüttler und signalisiert Herzlichkeit und Verhandlungsbereitschaft. Das häufige Auf und Ab der Handbewegung zeigt Beweglichkeit und Flexibilität. Wer seinen Handschlag hingegen dosiert einsetzt und nur einmal die Hand schüttelt, zeigt entweder eine starre Position (negativ) oder eine feste Überzeugung (positiv), die im folgenden Gespräch vermutlich kaum ins Wanken zu bringen ist.

Der gestreckte Zeigefinger

Als Kind haben wir gelernt, nicht mit dem Finger auf andere zu zeigen. Es gilt als unhöflich, weil es einen Menschen ungefragt vor anderen bloß- oder in den Mittelpunkt stellt. Der gestreckte Zeigefinger ist nicht nur eine dominante, sondern mitunter auch aggressive Geste. Wird er erhoben, mahnt er und gebietet Gehorsam und

Aufmerksamkeit. Wir ordnen ihn dem strengen Lehrer zu. Diese Geste hat etwas Gebieterisches, weshalb man in einer fairen und gleichberechtigten Kommunikation auf sie verzichten sollte (siehe Abbildungen 23 und 24).

Natürlich nutzen wir den Zeigefinger bisweilen, um etwas Wichtiges hervorzuheben oder auf etwas Bestimmtes zu zeigen; nichts spricht dagegen. Menschen, die ihre Worte jedoch häufig mit dem Zeigefinger unterstreichen oder während des Redens damit in die Luft stechen, gehen meist davon aus, im Recht zu sein. Sie erwarten, dass man ihnen zuhört, und stellen ihre Meinung schnell über die anderer. Widerspruch empfinden sie leicht als Angriff und werden daher impulsiv kontern. Als Ersatz für den Zeigefinger werden oftmals Stifte benutzt. Mit diesen pocht man entweder auf den Tisch oder zeigt damit auf etwas und nutzt sie als verlängerten Finger.

Die Daumen

„Daumen hoch"! Dieser Ausdruck, verbunden mit der entsprechenden Geste, wird in den meisten Teilen der Welt als positive Bewertung einer Handlung oder Situation im Sinne von „alles in Ordnung" beziehungsweise „o. k." verstanden. Bei den alten Römern entschied der Kaiser bei Gladiatorenkämpfen mittels seines Daumens über Leben und Tod: Lag ein Kämpfer besiegt, aber lebend am Boden, hieß der hoch gestreckte Daumen: *„Lass Gnade walten"*, während der abwärts gerichtete Daumen den Tod des Unterlegenen befehligte. In unserer heutigen Zeit stehen die beiden Richtungen des Daumens immer noch für „gut" und „schlecht". Generell setzt der Daumen ein dominantes Zeichen. So kennen wir den Griff ans Revers des eigenen Jacketts, ausgeführt mit beiden Händen und

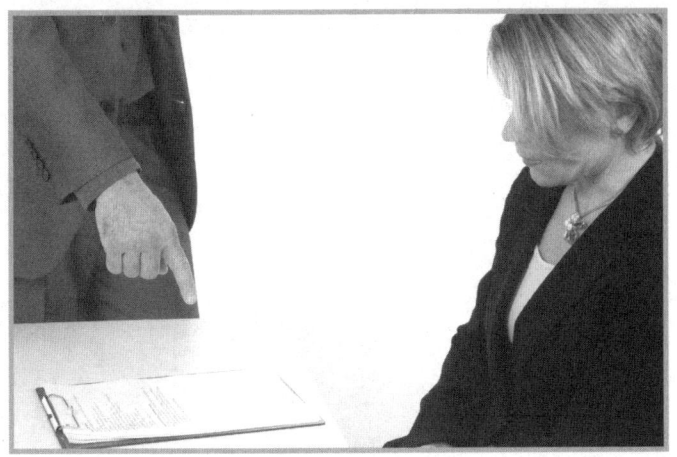

Abbildung 23: „Erledigen Sie das hier sofort!"

Abbildung 24: „Können Sie das hier wohl heute noch fertig machen?"

nach oben weisenden Daumen. Damit wird Selbst-zufriedenheit signalisiert nach dem Motto: *„Ich hab's im Griff."* Einem Höhergestellten gegenüber wäre diese Geste unangebracht.

Abbildung 25: Ich weiß, wie der Hase läuft – denn ich bin selbst ein alter!

Der Einsatz der Daumen in dieser Weise ist typisch männlich, ebenso wie folgender Klassiker: Ein Mann steckt die Daumen in seinen Hosenbund, scharwenzelt auf eine Frau zu und landet mit dem „unschlagbaren" Anmachkracher: *„Na, kenn ich dich nicht irgendwo her?"* Auch hier signalisieren die Daumen Dominanzgebaren. Unterstützt wird dieses typische Macho-Vorgehen noch durch die Finger beider Hände, die bei dieser Geste den Genitalbereich förmlich einrahmen und damit auf das eindeutige Interesse in dieser Situation hindeuten! (Siehe Abbildung 26 auf der folgenden Seite.)

Abbildung 26: „Na Lady, wie wär's mit uns beiden?" Die Hände zeigen den Bereich des Interesses.

Die Hände hinter dem Rücken

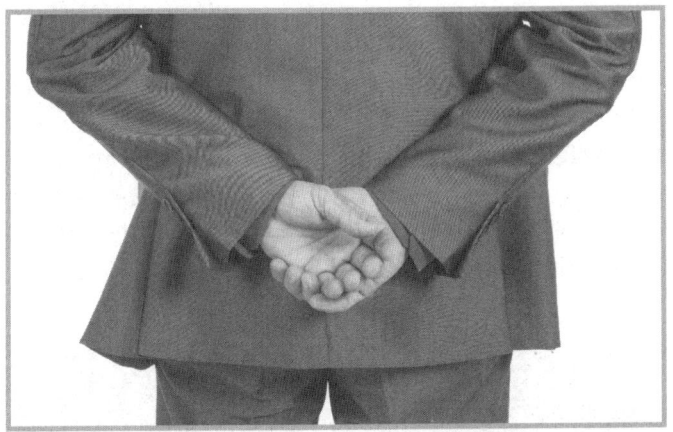

Abbildung 27: Die locker zusammengelegten Hände: Ein Zeichen für Ruhe und Gelassenheit.

Wer die Hände hinter dem Rücken zusammenlegt, demonstriert Ruhe und Gelassenheit. Die dabei ungeschützt bleibende Körpervorderseite signalisiert, dass man keinen Angriff fürchtet, sich daher nicht schützen muss. Es ist sozusagen die Gegengeste zur „Freistoßstellung", die wir vom Fußball her kennen und mit der sich die Spieler mit den vor den Genitalien zusammengelegten Händen vor Verletzungen schützen.

Auch für die hinter dem Rücken zusammengelegten Hände gilt wieder: Je nach Kontext ist die Bedeutung eine andere: Der ältere Herr, der auf diese Weise gemächlichen Schrittes spazieren geht, ist gelassen und entspannt. Der so aufrecht vor einem Schülerpult stehende Lehrer, der zusätzlich auf seinen Fußballen auf und ab wippt, hat seinen Schüler vermutlich gerade beim

Spicken erwischt. Soldaten oder Mitarbeiter von Sicherheitsdiensten wiederum stehen ebenfalls mit hinter dem Rücken – militärisch stramm – aufeinandergelegten Händen auf dem Appellplatz beziehungsweise vor Einkaufszentren und Geldinstituten. Gleichzeitig stehen die Beine schulterbreit auseinander, um einen festen Stand zu gewährleisten. Die Botschaft: *„Ich habe nichts zu befürchten, mich wirft nichts um und ich kann im Bedarfsfall schnell reagieren. Deshalb kann ich es mir leisten, die Hände hinter den Rücken zu legen!"*

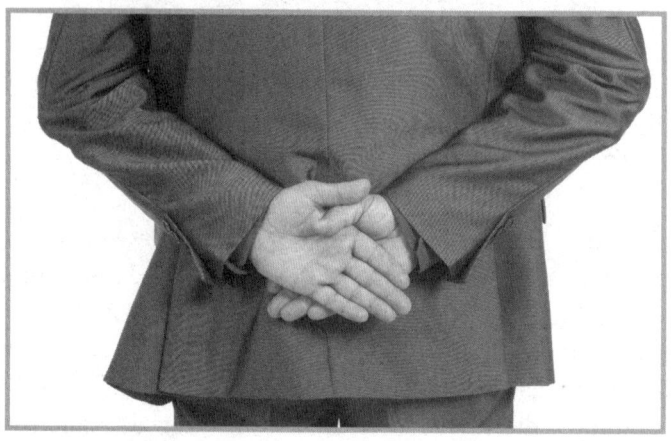

Abbildung 28: Militärisch streng zusammengelegt: Wir kennen dies von Sicherheitskräften und Soldaten.

Da die Hände bei dieser Geste naturgemäß von vorn nicht erkennbar sind, lässt sich allerdings nicht immer feststellen, ob tatsächlich eine ruhige und selbstbewusste Haltung dahintersteckt. Wenn im Umgang mit Öffentlichkeit unerfahrene Menschen zum Beispiel bei Veranstaltungen plötzlich nach vorn geholt werden, können wir oftmals sehen, dass sie ihre Hände hinter

den Rücken legen. Was wir von vorn dabei nicht erkennen, ist, dass die Hände dabei nicht ineinander gelegt werden, sondern eine Hand das Handgelenk der
anderen umschließt.

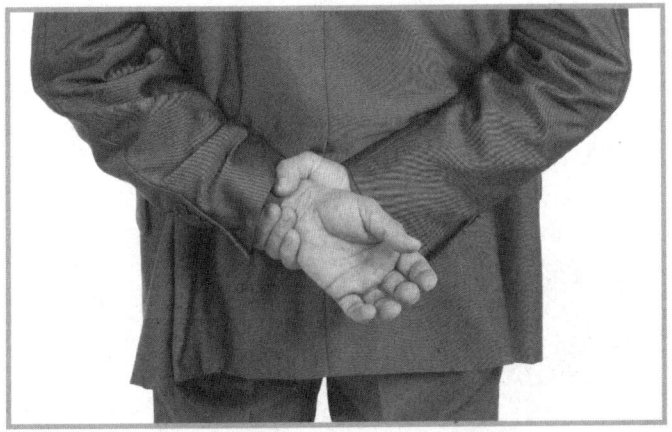

Abbildung 29: Von vorn nicht zu erkennen und keinesfalls entspannt: Der Griff
ans Handgelenk.

Diese Geste hat eine ganz andere Bedeutung: Sie steht für
Unsicherheit oder Anspannung. Auf diese Weise halten
wir uns an uns selbst fest. Ist Anspannung die Ursache
dieser Geste, will uns die eigene Hand symbolisch davon
abhalten, nach außen zu agieren, sei es, weil unser Status
uns eine Reaktion verbietet oder unsere Schüchternheit
stärker ist. Eine Steigerung ist der Griff an den eigenen
Oberarm: Diese Haltung sieht nicht nur sehr verkrampft
aus; hier haben Anspannung oder Ärger bereits ein hohes
Maß erreicht.

Abbildung 30: Hier ist die Anspannung besonders groß. Diese Geste überwiegt bei Frauen.

3.9 Die Beine

Je weiter ein Körperteil vom Gehirn entfernt ist, desto weniger sind wir uns seiner Bewegungen bewusst. Tatsächlich können wir unsere Mimik am besten kontrollieren, während unsere Beine und Füße sich unserer Kontrolle am leichtesten entziehen. Im Allgemeinen machen sie, was sie wollen oder genauer gesagt: Sie zeigen, was wir eigentlich meinen.

Wer mit beiden Beinen fest auf dem Boden steht – Füße hüft- oder schulterbreit auseinander – signalisiert Standfestigkeit und Unverrückbarkeit. Cowboys, die sich in einem Western zum Duell aufstellen, positionieren sich auf diese Weise und präsentieren dabei ihren Genitalbereich.

Stellt man beide Füße direkt nebeneinander (siehe Abbildung 31, links), deutet dies entweder auf räumliche Enge hin oder es zeigt, dass man bescheiden und mit wenig Raum zufrieden ist. Zumindest als Mann strahlen Sie so allerdings keine Selbstsicherheit aus. Probieren Sie es selbst einmal aus – Sie merken sofort, dass Sie keinen festen Stand haben. Würde man Ihnen in dieser Position unerwartet einen Stoß geben, schlügen Sie vermutlich lang hin. Bei Frauen kommt diese Geste allerdings häufiger vor und auch selbstsichere Frauen neigen nicht dazu, die Beine allzu weit auseinander zu stellen.

Abbildung 31: Mit wenig Raum zufrieden (links) oder gar schüchtern und zurückhaltend (rechts); beide Gesten sind typisch weiblich.

Die Beinschere

(siehe Abbildung 31, rechts) Sie ist ein – vorwiegend weibliches – Zeichen von Zurückhaltung. Die im Stehen gekreuzten Beine wirken unsicher und wollen Distanz schaffen zum Umfeld, in dem man vermutlich kaum jemanden kennt und sich deshalb unwohl fühlt. An Bushaltestellen ist diese Haltung häufig zu beobachten, ebenso bei Partys und anderen größeren Anlässen, bei denen uns die anderen meist fremd sind.

Der „halbe Chaplin"

Neben der Melone, dem Schnurrbärtchen und dem Stock sind auch die weit nach außen stehenden Füße ein typisches Merkmal für Charlie Chaplin. Beim „halben Chaplin" ist diese Geste auf nur einen Fuß reduziert.

Bei der in der Abbildung 32 gezeigten Stellung unterscheidet man zwischen Stand- und Spielbein: Während auf dem Standbein das Gewicht ruht, ist das gewichtsmäßig unbelastete Spielbein in Bewegung. In einer entspannten Gesprächssituation zeigt es meist in Richtung der Gesprächspartner (insbesondere, wenn es sich um jemanden handelt, den wir attraktiv finden). Wer uns voll und ganz zuhört, wird uns also seine Körpervorderseite zuwenden; das gilt auch für Beine und Füße.

Wer das Gespräch lediglich aus Höflichkeit fortsetzt, es jedoch eigentlich lieber verlassen möchte, wird uns zwar mit dem Oberkörper zugewandt bleiben, doch die Füße verraten ihn: Beim halben Chaplin zeigt der im 90-Grad-Winkel vom nach vorn weisenden Standbein abstehende Fuß die Richtung an, in die unser Gegenüber jetzt vermutlich gern gehen würde (siehe Abbildung 32 auf Seite 92). Interpretieren Sie dies dennoch nicht automatisch als Ablehnung Ihrer Person. Vielleicht muss derjenige ja auch nur auf Toilette?

Abbildung 32: Der „halbe Chaplin": Der Fuß zeigt an, wohin er will.

Abbildung 33: Die Armbarriere zeigt: Da möchte sich jemand bedeckt halten oder Abstand gewinnen. Der rechte Fuß scheint diesen Wunsch zu unterstreichen: Er weist darauf hin, dass die junge Frau diese Situation gern verlassen möchte.

Übereinandergeschlagene Beine

Diese Geste gehört zu den häufigsten im Alltag und in Gesprächssituationen. Nicht immer steckt ein nennenswerter Grund dahinter. So wird zum Beispiel hinter der Richtung, in der die Beine übereinandergeschlagen werden, oft der Hinweis auf Ablehnung von oder Hinwendung zu einer Person vermutet. Wie Vieles in der Körpersprache ist auch diese pauschale Aussage so nicht zutreffend.

Generell schlagen mehr als die Hälfte der Menschen zunächst das linke Bein über das rechte. Die Seiten des Übereinanderschlagens wechselt man später auch deshalb, weil sonst mitunter die Blutzirkulation spürbar beeinflusst wird. Natürlich kann die Richtung hin und wieder auch bedeutsam sein: Sitzt beispielsweise jemand neben uns, den wir nicht oder nur wenig kennen und zu dem wir uns aus einem bestimmten Grund Distanz wünschen, werden wir vermutlich das Bein von ihm weg über das andere schlagen und nicht in seine Richtung. In diesem Fall bauen wir mit dem Bein eine Barriere. Ebenso gut könnte man aufstehen und sich woanders hinsetzen. Im Allgemeinen tun wir das jedoch nicht, weil der andere das als deutlich erkennbare Ablehnung seiner Person wahrnehmen würde. Im anderen Fall – wir haben Interesse an einer Person – wenden wir uns dieser zu und unterstützen dies auch durch unsere Beinhaltung (siehe Seite 95). In einem therapeutischen Gespräch kann das Übereinanderschlagen wiederum eine distanzierende Bedeutung haben. In diesem Fall ist die Distanz nicht ablehnend, sondern versinnbildlicht den notwendigen emotionalen Abstand des Therapeuten zu seinem Klienten.

Abbildung 34:

Abgrenzung (oben) und
Zuwendung (unten).
Doch nicht immer
ist die Richtung des
übergeschlagenen Beins
entscheidend.

97

Die geöffneten Beine

Abbildung 35: Typisch männlich und zudem respektlos. Die so geöffneten Beine zeigen an: Mir kann keiner was und ich kümmere mich auch nicht um gutes Benehmen.

Diese typisch männliche Geste findet sich meist in Situationen, in denen sich der Betreffende seiner selbst sehr sicher ist oder aber seine Ablehnung zum Ausdruck bringen will. Da die geöffneten Beine den Genitalbereich sozusagen offenlegen, gehört sie in Situationen, in denen andere Personen anwesend sind, keinesfalls zum guten Ton. Das gilt im öffentlichen Umfeld ebenso wie im privaten: Abgesehen davon, dass sich zuhause jeder so verhalten kann, wie es ihm beliebt; auch die eigene Partnerin wird diese Geste intuitiv als respektlos empfinden.

Die geöffneten Beine signalisieren Selbstgefälligkeit; sie zeigen, dass man einen Angriff auf den verletzlichen Genitalbereich nicht fürchtet, weswegen man ihn ungeschützt präsentiert. In Kombination mit einem fläzenden, zurückgelehnten Oberkörper und der entsprechenden Mimik wirkt diese Geste durchaus aggressiv, zumindest jedoch provozierend.

Das Bein über der Stuhllehne

Führt ein Vorgesetzter in seinem Büro ein Gespräch mit einem Mitarbeiter und legt dabei sein Bein locker über die Stuhllehne, zeigt er damit, dass er im Hochstatus ist und sein Territorium nach Belieben über seinen Stuhl hinaus ausdehnen kann (siehe Abbildung 4 auf Seite 36). Würde der Untergegebene dies tun, wäre das eine Respektlosigkeit gegenüber dem Höhergestellten. Umgekehrt wäre es allerdings ebenso respektlos, wenn eben dieser Vorgesetzte bei seinem Untergebenen zu Gast in dessen Haus wäre und sich dort auf diese Weise verhielte.

Beim Gespräch unter Freunden deutet diese Geste auf Entspanntheit im Status Gleichberechtigter hin. Hier muss man keine Form wahren, man darf sich gemütlich fläzen und der Bequemlichkeit hingeben. Eine besondere Gesteninterpretation muss in solch einem Rahmen nicht zwangsläufig gesucht werden.

3.10 Alltagsgesten

Das Katapult

Hierbei werden die Hände auf dem Hinterkopf zusammengelegt oder gefaltet. Die weit ausladenden Ellbogen vergrößern das eigene Territorium, da man mehr Raum in Anspruch nimmt. Diese – meist männliche – Geste kann man beobachten, wenn jemand mit sich selbst zufrieden ist; entweder weil man eine Aufgabe erfolgreich zu Ende gebracht oder einen wichtigen Auftrag geholt hat. Bisweilen kommen ausgestreckte Beine hinzu (ebenfalls eine Territorialausdehnung) oder ein Bein, das über das andere gelegt wird, und zwar in der amerikanischen Variante, bei der der Genitalbereich freiliegt (siehe Abbildung 37 auf Seite 100).

Im Austausch mit anderen Personen kann es auch eine Geste der Überlegenheit sein, nach dem Motto *„Hier bin ich der Chef"* oder *„Ich bin der Größte"*. Wie immer spiegelt unser Körper unsere Empfindungen. Halten wir uns für den Größten, breitet sich unser Körper aus, wir nehmen uns, wonach uns ist – in diesem Fall mehr Platz.

Abbildung 36: Hier nimmt sich jemand Raum. Wurde ein Projekt erfolgreich abgeschlossen? Allerdings: Kommt ein Vorgesetzter hinzu, sollte man sich schnell „zusammenreißen".

Abbildung 37: Das „Katapult" mit der amerikanischen Variante der übereinandergeschlagenen Beine. Auch eine typisch männliche Geste, denn sie legt den Genitalbereich frei.

Der Oberkörper

Zuwendung und Ablehnung, Nähe und Distanz werden durch Stellung und Bewegung des Oberkörpers schnell deutlich. Auf dem Schulhof hat vermutlich jeder von uns irgendwann einmal einen aufgeblasenen Fatzke gesehen, der seinen Brustkorb aufplusterte und sich mit angriffsbereit erhobenem Kopf vor seinen Gegner stellte. Das Signal: *„Komm doch, du kannst mir gar nichts!"* (siehe Abbildung 38 auf Seite 102).

Mit vorgeneigtem Oberkörper wendet man sich interessiert einer Person oder Sache zu. Denken Sie an das verliebte Pärchen, das sich, im Restaurant gegenübersitzend, mit dem Oberkörper einander ganz nah kommt. Ein Verkäufer wird bei seinem Gegenüber keinen Abschluss erreichen, wenn der andere sich in der entscheidenden Phase zurücklehnt. Oder vielleicht doch? Wieder betrachten wir den Rest des Körpers, bevor wir unser Urteil fällen: Zieht sich der Oberkörper zurück, während gleichzeitig die Augenbrauen zusammengezogen werden? Dann ist es wirklich so, dass das Angebot nicht auf fruchtbaren Boden gefallen ist. Sind die Brauen jedoch nach oben gezogen, hat unser Zuhörer vielleicht gerade etwas gehört, das er überrascht zur Kenntnis nimmt und von dem er sich nun in Ruhe einen Überblick verschaffen will, weshalb er sich zurücklehnt. Gelegentlich wird dies von einem auf der Lehne ausgebreiteten Arm begleitet. Er macht es sich also für die erwartete Zeit des Zuhörens bequem und markiert so gleichzeitig sein augenblickliches Revier.

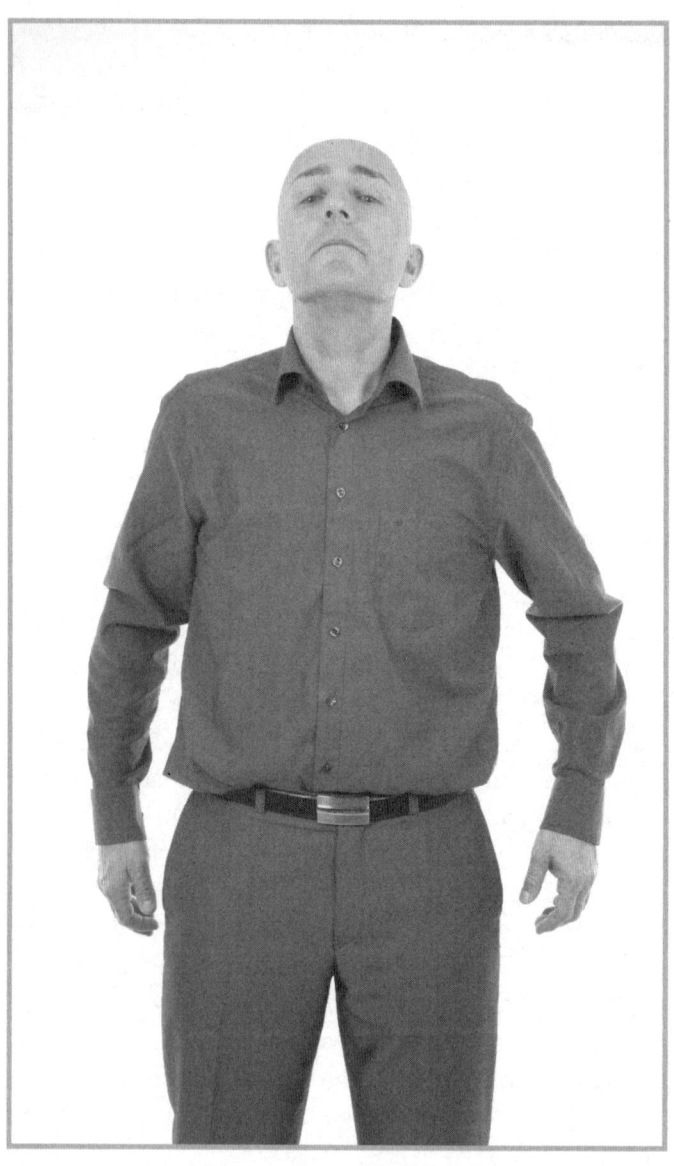

Abbildung 38: Brust raus und Arme neben dem Körper; das Signal: „Ich habe keine Angst und bin bereit, sofort zu handeln – komm doch!"

Das Rücken-/Schulterklopfen

Jemand umarmt Sie zur Begrüßung, drückt Sie kurz an sich und klopft Ihnen dann mit der Hand mehrfach in Höhe des Schulterblattes auf den Rücken (siehe Abbildung 39 auf Seite 104) Dieses Klopfen ist nichts anderes als das Signal zum Loslassen! So, wie ein Ringer als Signal auf den Boden klopft, um seine Niederlage einzugestehen, bedeutet auch das Rückenklopfen, dass der Betreffende Sie nun lange genug an sich gedrückt hat. Machen Sie sich keine Gedanken, ob dies vielleicht ein Zeichen sein könnte, dass eine Abneigung gegen die Umarmung besteht; dem ist nicht so. Es wurde eben einfach genug gedrückt.

Eine ähnliche Variante, jedoch mit anderer Bedeutung, ist die, bei der uns der andere, während er uns an sich drückt, nur einmal auf den Rücken klopft, um uns dann womöglich noch fester an sich zu ziehen. Es ist sozusagen ein „Schwung-holen" für eine noch engere Umarmung. Üblich ist dies nur bei engen Freunden oder Familienmitgliedern, die man lange nicht gesehen hat (oder sehen wird) und die einem sehr nahe stehen.

Der Stuhlreiter

Stuhlreiter sitzen verkehrt herum (rittlings) auf einem Stuhl, sodass die Lehne wie ein Schutzschild die verletzlichen Körperteile – Organe, Herz, Genitalien – schützt. Fast ausschließlich Männer wählen diese Position, denn der Genitalbereich wird dabei weit geöffnet. Menschen, die sich in diese Position begeben, haben das Bedürfnis, die Situation zu dominieren, oder halten sich für jemanden, der die Dinge im Griff hat. Bisweilen mag es jedoch sein, dass der Stuhlreiter die Lehne als Ablage

Abbildung 39: Schnelles Schulterklopfen bedeutet: Du kannst ruhig loslassen, ist ja gut!

für seinen Kopf nutzen will, um eine bevorstehende Unterhaltung besser durchzustehen. In Gegenwart einer hierarchisch übergeordneten Person ist diese Haltung auf jeden Fall unangebracht (siehe Seite 172, Abbildung 78).

3.11 Achtung: Typisch männlich – typisch weiblich

Übergeordnete Themen wie Distanzzonen sowie Hoch- und Tiefstatus sind weitgehend geschlechtsunabhängig. Es lassen sich jedoch Unterscheidungen zwischen typisch männlicher und typisch weiblicher Körpersprache treffen. So gehören beispielsweise Gesten mit geöffneten Beinen (Katapult, Stuhlreiter, breitbeiniges Sitzen und Stehen sowie jede andere Form von „Genitalpräsentation") in das männliche Repertoire. Auch der Daumen als dominantes Signal wird vorwiegend von Männern eingesetzt.

Werbungs- und schutzsuchende Gesten sowie erotische Signale gehen wiederum deutlich stärker von Frauen aus: Das Zurückwerfen der Haare, das Freilegen des Halses durch den zur Seite geneigten Kopf, das betonte Handgelenk (zum Beispiel mit zurückgehaltener Zigarette), der Augenaufschlag (siehe Abbildung 40), die beim Überschlagen fast schon nebeneinander liegenden Beine (welcher Mann könnte sich jemals so hinsetzen!). Auch die verschränkten Arme setzen Frauen im Gegensatz zu Männern eher als schützende denn als zurückweisende Geste ein: Eine Frau, die friert, verschränkt ihre Arme vor der Brust. Ein frierender Mann steckt eher seine Hände in die Hosentaschen und legt seine Arme eng an den Körper.

Abbildung 40: Ein weibliches Signal: Das ausgestellte Handgelenk. Trifft uns nun noch ihr Blick, können wir uns glücklich schätzen.

Überdies unterscheiden sich männliche von weiblichen Gesten unter anderem durch den beanspruchten Raum: So führen Männer ihre Bewegungen im Allgemeinen größer und raumgreifender aus, während Frauen eher bereit sind, auf Raum zu verzichten. Ein Mann steht mit den Füßen hüftbreit auseinander, während eine Frau ihre Füße oft direkt nebeneinander stellt. Reicht eine Frau zum Gruß ihre Hand, liegt die Hauptbewegung ihres Arms im Ellbogen; beim Mann liegt sie im Schultergelenk. Ein Mann holt weiten Schrittes aus, Frauen neigen zu kleineren Schritten. Männer drängeln, stoßen und schubsen eher und fassen Frauen in Einzelfällen wesentlich selbstverständlicher an, als diese es bei Männern tun würden. Diese Form der Nähe resultiert allerdings weniger aus Fürsorglichkeit, sondern daraus, dass Männer schlicht besitzergreifender agieren. Es ist hinlänglich bekannt, dass Frauen deutlich mehr soziale Eigenschaften und Fähigkeiten haben als Männer. Entsprechend äußert sich dies in körpersprachlichen Signalen: Während ein Mann lediglich die Hand gibt, umarmt eine Frau (vorausgesetzt natürlich, das Verhältnis lässt eine Umarmung generell zu). Da, wo der Mann ruckartig agiert, vollführen Frauen deutlich weichere Bewegungen, wo der Mann nur erklärt, gestikuliert die Frau, während sie lächelt, blickt er mit ausdruckslosem Gesicht, und wo Frauen interessiert schauen, neigen Männer leicht zum Glotzen.

Bitte erinnern Sie sich an meine Aussage zu Beginn dieses Kapitels: Nichts gilt zu 100 Prozent! Doch wenn die Körpersprache einer Frau typisch männliche Aspekte enthält, fällt uns dies sehr schnell auf. Machtgesten beispielsweise treten durchaus auch bei Frauen auf. Allerdings ist dies wesentlich seltener der Fall und wenn, dann werden diese von den meisten Menschen anders bewertet: Während Männer als durchsetzungsstark oder mächtig angesehen und akzeptiert werden, gelten Frauen, je nach Position, als ruppig, maskulin oder schlicht machtgierig. Männer, die weiche, fließende, eben typisch weibliche Bewegungen machen, werden schnell als homosexuell eingeordnet. Nicht von ungefähr gehört zum Klischeebild des angeblich typischen Schwulen eine das Handgelenk betonende Geste, in Kombination mit hochgezogenen Augenbrauen (gilt auch als Werbungsgeste), einem zur Seite geneigten Kopf und einer – übertrieben dargestellten – weichen Stimme.

4.

Baustein 2: Sprechen Sie mit den Signalen Ihres Körpers

4.1 Grundregeln: Wie man sein Gegenüber positiv stimmt

„Wie man in den Wald hinein ruft, so schallt es zurück!" Gemäß diesem Sprichwort sollte uns unsere Wirkung auf andere nicht egal sein. Da sie zu mehr als 50 Prozent von der Körpersprache abhängig ist, macht ein positiver Auftritt sympathisch und öffnet uns manche Tür; denn er trägt maßgeblich dazu bei, wie andere sich in unserer Gegenwart fühlen und welche Eigenschaften man uns zuschreibt. Dabei müssen wir authentisch sein; widersprechen unsere körpersprachlichen Signale unseren Worten, vermitteln wir das Gefühl, dass etwas nicht stimmt, und man zieht sich von uns zurück.

Wollen wir wissen, wie wir unser Gegenüber positiv stimmen, können wir dies von Charismatikern lernen: Ein charismatischer Mensch begrüßt uns mit strahlendem Lächeln und einladenden Gesten, tritt selbstbewusst auf und agiert häufig im Mittelpunkt. Dies tut er jedoch, ohne aufdringlich oder selbstgerecht zu wirken. Er zieht die Aufmerksamkeit von allein auf sich, sobald er einen Raum betritt.

Einige wesentliche Merkmale positiver Körpersprache sind daher ...

- ein natürliches, von Herzen kommendes Lächeln,
- ein klarer Blickkontakt,
- offene Gesten, mit denen Gesagtes untermalt wird,
- Freundlichkeit und gutes Benehmen im Umgang mit anderen,
- ein mit Bescheidenheit gepaartes Selbstbewusstsein,

- Kenntnisse im Umgang mit Raum und Distanzen,
- Vermeidung von negativen, kleinen oder versteckten Gesten.

Um unser Gegenüber positiv zu stimmen, müssen wir selbst positiv wirken. Dazu benötigen wir die entsprechende Einstellung: Das zu erreichende Ziel vor Augen haben, den Blick auf Lösungen richten, anstatt auf Probleme, auf positive Gemeinsamkeiten mit unserem Gegenüber achten, statt auf Differenzen. Leider wird solch ein Verhalten oft mit unkritischem „Schönreden" verwechselt. Einer großen Mehrheit der Deutschen fällt es leichter, sich zu beklagen, als den Fokus auf Positives zu legen. Diese Fähigkeit fehlt uns dann in Situationen, in denen es darauf ankommt, unser Gegenüber von uns zu überzeugen.

4.2 Der Klassiker – Das Bewerbungsgespräch

Als Bewerber befindet man sich automatisch im Tiefstatus, da man von der Entscheidung des Personalchefs abhängig ist. Dies gilt unabhängig von Alter, Geschlecht und Bildung. Trifft ein 45-jähriger Bewerber auf einen 30-jährigen Personalchef, wandelt sich die Regel „älter grüßt jünger" zu der Regel „Übergeordneter grüßt Untergeordneten". Hinzu kommt, dass der Bewerber Gast im Unternehmen ist und sich auch deshalb an bestimmte Gepflogenheiten zu halten hat. Folgendes sollte man beachten:

- Begrüßen Sie jeden freundlich, auch Hausmeister, Empfangsdamen und Reinigungskräfte.

- Betreten Sie keinen Raum ohne Erlaubnis.
- Wenn Sie anklopfen: Machen Sie nach dem „Herein" einen Schritt in das Büro. Verstecken Sie sich nicht hinter einer halb geöffneten Tür, sondern bleiben Sie zunächst dort stehen und lassen Sie sie geöffnet, bis man Sie ausdrücklich bittet, näher zu kommen. Wenn Sie die Tür zu früh schließen, könnte es so aussehen, als hätten Sie ungefragt beschlossen, dort zu bleiben.
- Wenn man Sie hereinholt: Gehen Sie einige Schritte in den Raum hinein und warten Sie dort, bis man Ihnen einen Platz zuweist.
- Strecken Sie nicht die Hand zum Gruß hin! Warten Sie, bis man Ihnen die Hand anbietet. Bewerber, die von sich aus den Handgruß anbieten, nehmen dem Personalentscheider die Freiheit, den Zeitpunkt selbst zu bestimmen.
- Wenn die Räumlichkeit es erlaubt und Sie Ihren Platz wählen können: Setzen Sie sich nicht mit dem Rücken zur Tür. Versuchen Sie gegebenenfalls, in der „doppelten P-Position" (siehe Abbildung 52 auf Seite 121) mit dem Personalentscheider zu sitzen, ohne ihm dabei jedoch auf die Pelle zu rücken.
- Sitzen Sie entspannt. Entweder mit beiden Beinen nebeneinander oder – auch das ist erlaubt, wenn das Gespräch gut verläuft und Sie sich sicher genug fühlen – mit übereinandergeschlagenen Beinen. Allerdings nicht in der amerikanischen Variante, bei der der Knöchel auf dem Knie liegt und der Genitalbereich freiliegt!
- Untermalen Sie Ihre Worte mit den Händen, so wirken Sie wesentlich lebhafter und überzeugender. Dafür kann es sich lohnen, rechtzeitig zu üben, denn gekünsteltes Gebaren wäre hier fehl am Platz!

Abbildung 41: Die Hand geben Sie erst, wenn Ihr Gegenüber sie Ihnen reicht.

Abbildung 43:

Immer noch zu aufdringlich. Der „Igel" mit den Händen wirkt überdies zu verschlossen für ein Bewerbungsgespräch.

Abbildung 42:

Der Bewerber drängt sich auf; er nimmt das Territorium der Personalchefin in Beschlag.

Abbildung 44:
Der aktive Einsatz der Hände ist nicht nur
erlaubt; ...

Abbildung 45:
... er unterstreicht zudem die Kompetenz und
Glaubwürdigkeit.

Abbildung 47:

... solange das Knie sich nicht deutlich über die Tischplatte hebt.

Abbildung 46:

Die überschlagenen Beine sind in Ordnung, ...

Abbildung 48:

Zu viel des Guten! Der Tisch der Personalchefin wird nicht nur in Besitz genommen,
der vorgeneigte Oberkörper und die vor-
geschobene Stirn könnten als Bedrohung
empfunden werden.

Abbildung 49:

Die oft „empfohlene" Sitzposition im
Bewerbungsgespräch. Doch positive Aktivität ist erlaubt.

Abbildung 50: Ein engagierter und offener Austausch.

Abbildung 51: Setzen Sie die Hände ein, wenn Sie reden. Man wird Ihnen besser zuhören.

4.3 Körpersprache im Kundengespräch

Für einen Verkäufer ist nicht nur die eigene Körpersprache wichtig; auch die des Gegenübers gilt es zu verstehen, denn sie liefert wichtige Hinweise für die weitere Gestaltung des Gesprächsverlaufes.

Begrüßung, Händedruck

Ein Händedruck zählt – neben Ihrem äußeren Erscheinungsbild – zu den ersten Momenten des persönlichen Kontaktes und nimmt somit Einfluss auf den folgenden Gesprächsverlauf. Achten Sie stets darauf, einen fairen, ausgewogenen Handschlag anzubieten: Nicht zu fest, nicht zu locker, in ausgewogener Mittelstellung, begleitet von einem klaren Blick in die Augen Ihres Gegenübers sowie einem Lächeln (nach Möglichkeit einem echten!). Wichtig: Sollten Sie zu feuchten Händen neigen, trocknen Sie sich diese vorher gut ab. Für diesen Fall haben Sie am besten immer ein Tuch dabei. Es gibt kaum etwas Unangenehmeres, als eine feuchte und sich dadurch klebrig anfühlende Hand gereicht zu bekommen. Die meisten Menschen beschreiben dieses Gefühl schlicht als „widerlich". Niemand kann etwas dafür, wenn er zu feuchten Händen neigt, man sollte sie anderen jedoch nicht zumuten.

Die „doppelte P-Position"

Wenn man Ihnen einen Stuhl zuweist, haben Sie im Allgemeinen keine Wahl – Sie setzen sich genau dort hin. Bietet man Ihnen allerdings an, sich irgendwo hin zu setzen, dann wählen Sie nach Möglichkeit keinen Platz, an dem Sie mit dem Rücken zur Tür sitzen; niemand hat gern das Gefühl, dass ihm jemand unerwartet in

Abbildung 52: Die „doppelte P-Position"

den Rücken fallen kann. Verzichten Sie darauf, sich Ihrem Gesprächspartner gegenüber zu setzen. Das Wort „gegenüber" ist verwandt mit dem Wort Gegner, und eine konfrontative Sitzordnung kann diese Verwandtschaft womöglich erst heraufbeschwören. Setzen Sie sich im 90-Grad-Winkel zu Ihrem Geschäftspartner. Diese Sitzposition, die „doppelte P-Position", ist **p**artnerschaftlicher und **p**ragmatischer. Pragmatisch deshalb, weil es so wesentlich einfacher ist, gemeinsam in Unterlagen zu schauen. Wenn das Gespräch oder das Wohlbefinden eines der Beteiligten es erfordern, erlaubt es diese Position trotzdem, sich durch ein kurzes Verrücken des Stuhles jederzeit gegenüberzusitzen. Der Tisch wird so nicht als Barriere wahrgenommen und ein erneuter Stellungswechsel ist jederzeit möglich.

Abbildung 53: Die doppelte P-Position erlaubt bei Bedarf, gegenüberzusitzen – und die Position jederzeit wieder zu wechseln.

Der Aktenkoffer

Sofern Sie einen Aktenkoffer mit zum Gespräch nehmen, achten Sie darauf, wohin Sie ihn stellen: Viele Verkäufer wählen – aus naheliegendem Grund – den Schreibtisch des Gesprächspartners. Dabei vergessen Sie, dass dieser zu dessen Territorium gehört. Mit dem Aktenkoffer nehmen wir dieses in Beschlag und breiten uns damit mehr aus, als uns zukommt. Stellen Sie ihn neben sich. Müssen Sie ihn später öffnen, um etwas herauszuholen, können Sie dies auf den Oberschenkeln tun, (was zugegebenermaßen unpraktisch sein kann), oder Sie fragen Ihren Gesprächspartner, ob Sie den Koffer auf seinem Tisch abstellen dürfen. Achten Sie auch darauf, ihn seitlich zu stellen, um nicht das Gefühl zu vermitteln, Sie hätten etwas zu verbergen. Wenn Sie nun den Deckel öffnen, kann er einen Blick hinein werfen. Bringt man den Kofferdeckel zwischen sich und sein Gegenüber, wirkt dies nicht nur heimlichtuerisch, sondern schafft auch eine Mauer, und eine solche ist nicht verkaufsfördernd (siehe Abbildung 54).

Rückzug

Wenn Ihr Gesprächspartner im Verkaufsgespräch sagt: *„Ich glaube schon, dass wir Ihr Angebot annehmen, ich muss nur noch mal mit meinem Kollegen Rücksprache halten"*, sich dabei jedoch zurücklehnt und seine Hände vor sich mit dem Handrücken nach oben auf den Schreibtisch legt, dann haben Sie berechtigten Grund zu der Annahme, dass Sie soeben eine Absage erhalten haben. Entscheidend sind hierbei der sich (vom Angebot) zurückziehende Oberkörper sowie die (die Wahrheit?) bedeckenden oder zurückhaltenden Hände (siehe Abbildung 55).

Abbildung 54: Der Aktenkoffer schafft hier unnötige Distanz, ist besitzergreifend und wirkt „heimlichtuerisch".

Abbildung 55: In dieser Position wird der Herr nicht „ja" sagen. Wenn Sie hier verkaufen wollen, müssen Sie ihn wieder nach vorn holen.

Generell ist der Rückzug des Oberkörpers meist ein Hinweis auf inneren Rückzug. Reichen oder zeigen Sie dem Kunden etwas, sodass er sich nach vorn bewegen muss. Dies gilt auch, wenn Ihnen der Einkäufer in der Katapult-Position (siehe Seite 98) gegenübersitzt. In einer weniger selbstgefälligen Körperhaltung wird er unseren Informationen vermutlich aufgeschlossener begegnen.

Spiegeln

Das auch unter dem englischen Begriff Pacing (bedeutet etwa: „im Gleichschritt gehen") bekannte Spiegeln dient dem raschen Aufbau von Vertrauen und Einvernehmen nach dem Motto: *„Wer so ist wie ich, den mag ich."* Beim Spiegeln passt man sich einer Person körpersprachlich an, indem man wesentliche, von ihr ausgeführte Körperhaltungen nachahmt. Die in diesem Zusammenhang häufig geäußerte Kritik, das Gegenüber müsse dieses Nachahmen bemerken und sich veralbert fühlen, ist zwar verständlich, doch unzutreffend. Natürlich würde sich die Aufmerksamkeit auf dieses Verhalten fokussieren, spräche man es direkt an. Im Allgemeinen jedoch empfindet man lediglich unbewusst eine „angenehme Übereinstimmung" zwischen sich und dem Gegenüber, wenn dieser eigene Körperbewegungen nachahmt. Ähnlichkeit erzeugt Sympathie!

Spiegeln bedeutet nicht nachäffen, sondern sich dem Anderen in wesentlichen Zügen angleichen. Würde man jedes Detail kopieren, beispielsweise ein Kratzen am Handrücken oder weit ausholendes Unterstreichen von Gesprächsinhalten während des Sprechens, wäre das kontraproduktiv. Empfehlenswert und zunächst ausreichend ist das Nachahmen von Sitzposition sowie

Abbildung 56: Wer gleicher Meinung ist, gleicht sich gern dem Anderen an. Hier wirkt es fast ein wenig wie Flirten.

Abbildung 57: Positive Gesten dürfen wir spiegeln, negative nicht.

Stellung der Arme und Beine. Vorsicht jedoch: Negative Gesten sollte man natürlich nicht spiegeln. Lehnt sich Ihr Gegenüber zurück, verschränkt die Arme und zieht die Augenbrauen zusammen, würde ein Nachahmen dieser Gesten tatsächlich sofort auffallen. Zudem würden Sie die mit dieser Körperhaltung ausgedrückten Emotionen (Zweifel, Ablehnung) noch verstärken.

Der Verkäuferstuhl

Mit Hilfe körpersprachlicher Erkenntnisse versuchten in den Achtzigerjahren einige amerikanische Industriefirmen Einfluss auf die Preisgestaltung ihrer Lieferanten zu nehmen. Immerhin geht es in diesen Branchen leicht um Beträge von mehreren Hunderttausend oder gar Millionen Dollar. Eine Variante war der Verkäuferstuhl. Dabei handelte es sich um einen Stuhl ohne Armlehnen mit einer glatten und zudem leicht nach vorn abschüssigen Sitzfläche. Stellen Sie sich vor, Sie säßen auf einem solchen Stuhl einem Einkäufer gegenüber, der überdies auf einem großen, erhabenen Stuhl hinter seinem Schreibtisch thront.

Während eines längeren Verkaufsgespräches rutscht der Verkäufer nach und nach immer wieder Richtung Stuhlkante. Will er einigermaßen gefestigt sitzen, muss er sich also immer wieder in eine angenehme Sitzposition bringen. Diese ohnehin wenig angenehme Position wird durch weitere Faktoren unterstützt: Sorgt man beispielsweise im Vorfeld dafür, dass während des Gespräches immer wieder ein Mitarbeiter hereinkommt, um etwas scheinbar Dringendes mitzuteilen, wird der Verkäufer mehrfach unterbrochen. Eventuell bittet ihn auch sein Gesprächspartner, sich zu wiederholen, da er aufgrund der Störung nicht habe folgen können. Sitzt der Verkäufer bei all dem nun noch mit dem Rücken zur Tür, wird er weiter verunsichert, da er auf diese Weise besorgt sein muss, wer ihm „in den Rücken fällt".

Der Verkäufer wird intuitiv spüren, dass ihn seine derzeitige Position nicht besonders gut aussehen lässt. Vermutlich wird er deshalb versuchen, eine körpersprachlich günstigere Position zu erreichen. Wer hat schon gern das Gefühl, unterlegen zu sein? Schließlich muss er gegen Ende des Gespräches den Produktpreis durchsetzen. Welche Möglichkeiten bieten sich ihm?

Möglichkeit 1: Er unternimmt nichts und rutscht alle paar Minuten wieder in die aufrechte Position. Allenfalls stemmt er seine Beine gegen den Boden, wobei dies Kraft kostet und ihn alsbald ermüden wird.

Möglichkeit 2: Er setzt sich auf die vordere Stuhlkante und stellt seine Füße in „Aufbruchstellung". So hat er relativ sicheren Halt und rutscht nicht mehr nach vorn. Der Nachteil: Wer offenkundig im Aufbruch begriffen ist, hat nicht die Zeit, seine Argumente in Ruhe vorzubringen beziehungsweise auf die seines Gesprächspartners einzugehen. Zudem sitzt er buchstäblich nicht „fest im Sattel" (siehe Abbildung 58).

Möglichkeit 3: Er bleibt auf der gesamten Stuhlfläche sitzen und schiebt, um die schräg nach vorn abkippende Sitzfläche auszugleichen, seine Hände unter seine Oberschenkel. Dummerweise sind ihm jetzt die Hände gebunden, seine Aktivität ist deutlich eingeschränkt. Zudem vermittelt das äußere Erscheinungsbild keines-

Abbildung 58: Wer auf dem Sprung ist, kann nur schlecht verhandeln ...

wegs das Bild einer selbstbewussten, durchsetzungs-starken Persönlichkeit. Vielmehr sendet und erzeugt es das Signal: *„Ich kann nichts tun, mir sind die Hände gebunden!"*

Möglichkeit 4: Der Verkäufer „wickelt" seine Unterschenkel beidseitig um die Stuhlbeine und verschafft sich so einigermaßen sicheren Halt. Doch siehe da: Schon wieder hat er eine Position eingenommen, die beim Betrachter – und in ihm selbst – eher Mitleid erweckt, ob des armen kleinen Verkäufers, den man unvorbereitet in die große weite Welt geschickt hat. Das endgültige Aus wäre eine Kombination aus Möglichkeit 3 und 4 (siehe Abbildung 59).

Das Beispiel des Verkäuferstuhls macht deutlich, dass auch künstlich erzeugte, von außen auferlegte Körperhaltungen das dazu passende innere Gefühl erzeugen können. Übrigens: Ein erfahrener und selbstbewusster Verkäufer hätte vermutlich einfach um einen anderen Stuhl gebeten!

4.4 Körpersprache im Meeting

Die hier aufgeführten Punkte erheben keinen Anspruch auf Vollständigkeit. Zudem gibt es Parallelen zwischen Meetings und Verkaufsgesprächen. Je nachdem, ob es sich um ein Meeting mit Kunden oder unter Kollegen handelt, lassen sich einzelne Punkte aus diesem und dem vorhergehenden Abschnitt in die jeweils andere Richtung übertragen.

Abbildung 59: ... und wer so unsicher aussieht, ist kein ernst zu nehmender Verhandlungspartner.

Der Punktierer

Abbildung 60: Kommen Sie auf den Punkt!

Sie reden und erläutern Ihren Standpunkt. Währenddessen merken Sie, wie jemand mit seinem Stift den Tisch „punktiert". Dabei wird eines der Enden des Stiftes entweder auf die Tischplatte fallen gelassen oder sogar gestoßen. Zwei Gründe können für dieses Verhalten ausschlaggebend sein: Der Punktierer gibt Ihnen entweder auf diese Weise das Zeichen, Sie mögen „auf den Punkt" kommen, oder er ist mit seinen Gedanken woanders und sich seines Verhaltens nicht bewusst. In beiden Fällen sind Sie gefordert! Entweder, indem Sie sich auf das Wesentliche Ihrer Inhalte fokussieren oder indem Sie seine Aufmerksamkeit zurückgewinnen.

Beim aktiven Punktieren, wenn der Stift also nicht nur fallengelassen, sondern regelrecht auf den Untergrund gestoßen wird, entsteht dabei ein deutlich hörbares Geräusch. Da solch ein Verhalten unhöflich Ihnen gegenüber ist, sollten Sie davon ausgehen, dass die Geduld Ihres Zuhörers fast am Ende ist. Ihre Reaktion darauf hängt natürlich auch von Ihrem Status ab: Bei einem Vorgesetzten oder Kunden müssen Sie anders reagieren als bei einem Kollegen.

Der Wegschieber

Abbildung 61: Diese Geste bedeutet: „Jetzt bin ich ganz für Sie da." Oder wischt er nur Ihr Anliegen beiseite?

Sie haben Ihre Position dargelegt und möchten nun natürlich gern wissen, was Ihre Gesprächspartner davon halten. Während einer Ihrer Kollegen die verstandenen Inhalte resümiert, sehen Sie, wie er einen Schreibblock, der die ganze Zeit über vor ihm gelegen hat, zur Seite schiebt. Sie sollten jetzt in Betracht ziehen, dass er damit sinnbildlich Ihren Vorschlag ad acta gelegt hat und entsprechend reagieren. Im Zweifelsfall fragen Sie direkt, ob weitere Informationen gewünscht werden oder welche Einwände noch bestehen. Doch auch eine andere Bedeutung ist möglich: Ihr Kollege war gedanklich gerade mit einer anderen Überlegung beschäftigt und das Wegschieben deutet an, dass er sich jetzt Ihrer Alternative widmet.

Die Augen als Wegweiser

Noch wichtiger als das Reden ist bei Gesprächen das Zuhören. Ganz oft jedoch fällt man dem Anderen ins Wort, anstatt zu warten, bis er fertig ist. Man glaubt entweder zu wissen, was der andere sagen will, will voller Leidenschaft sein eigenes Anliegen vorbringen oder befürchtet vielleicht, den richtigen Moment für das eigene Argument zu verpassen.

Meist können wir beobachten, dass jemand, der gerade etwas erzählt, diese Erzählung mit den Augen unterstützt. Er „sammelt" die Inhalte förmlich mit den Augen. Sie eilen von links oben nach rechts unten, blicken einen kurzen Augenblick zu den Zuhörern, huschen dann wieder nach rechts oben, links zur Seite und so weiter. So lange die Augen derart in Bewegung sind, ist der Redner nicht fertig und daher auch nicht bereit, sich anderen Argumenten zu widmen. Erst wenn sein Blick länger auf den anderen Teilnehmern ruht, können Sie davon ausgehen, dass er seine Ausführungen beendet hat.

Abbildung 62:
Augen geben die Blick-
richtung vor. Möchten
Sie nicht auch wissen,
wohin dieser Herr
gerade blickt?

Wollen Sie die Aufmerksamkeit Ihrer Kollegen auf eine bestimmte Person lenken, nutzen Sie folgenden Trick: Blicken Sie während Ihrer Ausführungen immer wieder einmal zu der betreffenden Person hin und beziehen Sie sie auf diese Weise mit ein. Je häufiger Sie dies tun, desto eher werden auch andere Anwesende diese Person berücksichtigenden und ebenfalls in das Gespräch einbeziehen. Dahinter steckt der gleiche Mechanismus, mit dem Sie Menschen in einer Fußgängerzone dazu bringen können, nach oben zu gucken. Sie müssen es selbst nur lange genug vormachen.

4.5 Souverän auftreten bei Präsentationen und Vorträgen

Ein erfolgreicher Vortrag hängt von verschiedenen Faktoren ab. Die Bedeutung des Raumes sowie die Wirkung verschiedener Raumpositionen habe ich im vorhergehenden Kapitel bereits beschrieben. Darüber hinaus gilt es natürlich, sowohl organisatorisch als auch inhaltlich gut vorbereitet zu sein. Die körpersprachlichen Aspekte schließlich sind es, die eine Vorbereitung letztlich krönen oder – bei ungünstigem Verlauf – in den Hintergrund treten lassen.

Charismatische Persönlichkeiten nutzen diese Kenntnisse weidlich. Sie verstecken sich weder hinter Tischen, Stühlen, Projektoren noch hinter Rednerpulten, im Gegenteil: Sie genießen es, Mittelpunkt zu sein, und „bespielen" die Vortragsbühne leidenschaftlich. Sie baden in der Menge, gehen auf einzelne Teilnehmer zu, sprechen diese direkt an, wählen einzelne Grüppchen innerhalb ihrer Zuhörerschaft aus, animieren diese zur Aktivität, stellen sich gar auf Tische oder Stühle und zeigen damit, dass der Raum ihnen gehört und sie in keinerlei Hinsicht befürchten müssen, seiner nicht jederzeit Herr zu sein, kurz: Sie spielen virtuos auf der Klaviatur der Selbstdarstellung – zum Vorteil des Publikums!

„Als Redner haben wir auch die Pflicht zu unterhalten!"

Sabine Hübner, Service-Expertin, www.sabinehuebner.de

Wer selbstbewusst einen Vortrag oder eine Präsentation halten will, muss einige Dinge berücksichtigen: Unter anderem sollte darauf achten, dass ...

- ... das Licht hell genug ist.
- ... die Bestuhlung den Vorstellungen entspricht.
- ... bestimmte Türen frei gehalten werden müssen.
- ... es feste Plätze für besondere Gäste gibt.
- ... jemand, der nach vorn gebeten wird, andere dabei nicht behindert.
- ... für eventuelle Darbietungen ausreichend Platz vorhanden ist.
- ... es schlecht einsehbare Stellen gibt, an denen man besser nichts darstellt.
- ... Notizen auf dem Flipchart von allen Teilnehmern erkannt werden können.
- ... der Beamer so steht, dass man während der Ausführungen keine Schatten auf die Leinwand wirft.

Hinzu kommen weitere Faktoren, die mit der Eigenwirkung im Raum zu tun haben:

- Wo sieht man den Redner besonders gut?
- Welche Inhalte schreibt man vor dem Vortrag auf das Flipchart, welche kann man währenddessen notieren?
- Wohin stellt man den Laptop, damit man beim Bedienen ohne Fernbedienung nicht die Aufmerksamkeit des Publikums verliert?
- Wie laut muss man sprechen, um überall gehört zu werden und dennoch die gewünschte Akzentuierung zu erreichen? (Versuchen Sie mal so zu flüstern, dass mehrere hundert Menschen es noch als Flüstern wahrnehmen und trotzdem verstehen können!)

- Werden Teilnehmer nach vorn gebeten, muss man darauf achten, bei der Auswahl weder den Eindruck unüberlegten Entscheidens noch zu langen Suchens zu vermitteln.
- Ist man auch für Unvorhersehbares gewappnet? Hierbei geht es um rhetorische Fertigkeiten, schlagfertige Antworten und den Umgang mit schwierigen Teilnehmern.

Immens wichtig ist überdies, einen guten Blickkontakt zum Publikum zu halten (siehe Abbildung 63). Ganz gleich, ob es sich um 2, 20, 200 oder 2.000 Zuhörer handelt: Die Klarheit des Blickkontaktes trägt einen großen Teil zur Wirkung und damit zum Erfolg des Vortragenden bei. Werden Präsentationen von mehreren Personen durchgeführt, erlebt man oft, dass Gestik und Mimik des im Hintergrund stehenden Redners derart abgeschaltet sind, dass man sich fragt, wie viel er selbst wohl von den Inhalten hält. Auf der (Vortrags-)Bühne ist es enorm wichtig, ständig präsent zu sein. Man ist immer Mittelpunkt, auch wenn man gerade mal nicht im Mittelpunkt steht! Dies bedeutet: Auch eine Nebenfigur, der seitens des Publikums momentan scheinbar keine Aufmerksamkeit zukommt, muss doch stets so agieren, als stünde sie im Zentrum des Geschehens.

Je agiler Sie als Redner sind, desto interessanter wird Ihr Vortrag: Stehen Sie nicht herum (siehe Abbildung 64) nutzen Sie Ihre Arme (siehe Abbildung 65), unterstreichen Sie, heben Sie hervor, picken Sie sich Ansprechpartner aus dem Publikum heraus. Natürlich fällt es einem ungeübten Redner schwer, sich auf den fachlichen Inhalt, die Mimik, die richtige Wortwahl und die

Abbildung 63: Ein gerader Blick, ein fester Stand, die Arme locker neben dem Körper: Der Herr steht selbstbewusst in der Welt.

Abbildung 64:

Dicht beieinander stehende Füße und die Hände in der „Freistoß-Position" zeigen: Hier fühlt sich jemand nicht ganz so selbstbewusst.

Abbildung 65:
Ein Redner, der faszinieren und überzeugen will, muss aktiv sein.

Teilnehmer zu konzentrieren und bei all dem noch darauf zu achten, die Hände aktiv – und vor allen Dingen sinnvoll – einzusetzen. Doch Übung macht den Meister!

Fachwissen ist uninteressant – denn es ist eine selbstverständliche Voraussetzung! Die eigene Wirkung jedoch überzeugt – oder eben nicht. An dieser muss man mindestens ebenso lange arbeiten.

4.6 Grenzen setzen – Gesten der Macht

Menschen in Machtpositionen mit hohem beruflichem Status haben eine entsprechende Körpersprache. Vorstandsvorsitzende und Aufsichtsratsmitglieder internationaler Unternehmen, Führungskräfte großer Institutionen und Wirtschaftszweige, Diplomaten, Politiker: Sie alle sind einen langen und harten Weg gegangen, um eine solche Position zu erreichen. Neben fachlichen Kompetenzen waren und sind sowohl der Wille als auch die Fähigkeit zur Macht bei ihnen notwendige Charaktereigenschaften, die sie entweder von vornherein mitbringen oder sich im Lauf der Zeit erarbeiten mussten. Ganz zwangsläufig entwickelt sich dabei mit der Zeit eine Körpersprache, die deutliche Signale der Macht sendet. Typische Machtgesten sind:

- reduzierter Blickkontakt,
- mechanisches Lächeln,
- kurze, knappe und eindeutige Gesten,
- zielgerichteter und entschiedener Bewegungsablauf,
- Ran- oder Runterzieher bei der Begrüßung,
- monologisieren,

- Beschäftigung mit anderen Dingen, während jemand spricht,
- Handlungsvorgaben für andere (*„Setzen sie sich hier hin!"*),
- Beschränkung auf das Notwendigste,
- Ausübung von Druck,
- selbstverständliche Negierung von Widersprüchen,
- raumgreifende Ausweitung eigener Distanzzonen,
- fehlende Rücksichtnahme auf Distanzzonen anderer,
- Unterbrechung anderer, ohne dies bei sich selbst zu dulden.

Abbildung 66: Wer die Macht hat, beschäftigt sich nicht mit Kleinigkeiten; dafür hat man Mitarbeiter.

Abbildung 67: Die Gefühlshand in der Tasche, steht er selbstbewusst in der Welt.

Abbildung 68: Er weist ihr ihren Platz zu.

Ein sehr gutes Beispiel für einen Machtmenschen ist die Figur des Terry Benedict, gespielt von Andy Garcia im Film „Ocean's Eleven". Benedict ist der Inhaber des „Bellagio" sowie zweier weiterer Spielcasinos in Las Vegas, deren gesamte Einnahmen allen Sicherheitsvorkehrungen zum Trotz gestohlen werden. Die Darstellung Garcias, dessen Rolle des Benedict die meisten der vorgenannten Merkmale erfüllt, ist eine der glaubwürdigsten Kinofiguren hinsichtlich der Darstellung von Macht.

5.
Der eigene Weg zur positiven Körpersprache

5.1 Die innere Einstellung als Stellschraube für Erfolg

„Körpersprache in Bezug auf (Selbst-) Motivation und Erfolg ist extrem entscheidend für gute Resultate."

Andreas Buhr, Experte für VertriebsIntelligenz®
und ©lean leadership, www.go-akademie.com

Eine positive, motivierte und motivierende Lebenseinstellung wird nach außen durch unseren Körper sichtbar. Niemand, dessen Körpersprache Schwäche, Angst, Unsicherheit, Depression und andere negative Zustände nach außen darstellt, wird als Autorität, gleichberechtigter Gesprächspartner oder gar Vorbild ernst genommen. Körpersprache von Gewinnern, von glücklichen und zufriedenen Menschen strahlt. Man sieht sie, man spürt sie und nicht selten erfasst sie andere und steckt sie an.

„Jeder kann trainieren, die Ausdruckskraft seines Inhaltes mit seiner Körpersprache zu unterstreichen und sie als Wirkungsinstrument einzusetzen."

Sabine Hübner, Service-Expertin

Positive Körpersprache ist eine Sprache des Lebens – unseres Lebens. Sie kann nicht losgelöst von Emotionen betrachtet werden. Sie ist nicht nur ein Aspekt, sondern Ausdruck unserer gesamten Persönlichkeit, unseres

Abbildung 69: Wer so auftritt, ist auch innerlich voller Energie!

Wesens, der Geschichte unseres Lebens! Sie drückt Einstellungen, Haltungen, unsere Erziehung, Ängste und Sorgen aus und wird ein – oftmals überdeutlich – sichtbarer Teil von uns.

Einer von vielen Ursachen für die Sprache unseres Körpers sind Glaubenssätze. Sie begleiten jeden von uns und prägen die Betrachtung unseres Lebens, unsere Herangehensweise an tägliche Aufgaben sowie unsere Erwartungen an die Zukunft. Sie nehmen Einfluss auf das, was wir tun und wie wir es tun, und damit auch auf unsere Körpersprache. Ein Glaubenssatz ist ein Denkmuster, das wir meist über den Verlauf mehrerer Jahre entwickelt und verinnerlicht haben. Mit der Zeit hat sich dieses Muster in unserem Unterbewusstsein verankert und nimmt von dort Einfluss auf unser Denken und Handeln. Meist bringen wir Glaubenssätze bereits aus unserer Kindheit mit ins Erwachsenenleben und folgen diesen unbewusst selbst dann noch, wenn die Notwendigkeit, die irgendwann einmal gegeben war, als der Glaubenssatz sich bildete, schon längst nicht mehr besteht. Glaubenssätze können sowohl positiv wie auch negativ sein. Allerdings sind es eher die negativen, die sich ungünstig auf unsere Körpersprache auswirken: Ein Kind, dem man immer wieder sagt, es sei noch zu klein und noch nicht in der Lage, Vater oder Mutter bei dieser oder jener Tätigkeit zu helfen, wird enttäuscht sein, weil es bei der gewünschten Tätigkeit, zum Beispiel Abwaschen, nicht helfen darf. Macht es nun mehrmals und in unterschiedlichsten Bereichen die Erfahrung, dass es angeblich noch zu klein ist und deshalb vieles nicht kann, wird sich diese Erfahrung in Form des Glaubenssatzes *„Ich kann das nicht, weil ich zu klein bin"* oder *„Ich kann das sowieso nicht"* im Kind festsetzen.

Zu diesem Zeitpunkt ist dieser Satz für das Kind möglicherweise sinnvoll und hilfreich, wird es durch ihn doch davor bewahrt, durch weitere Ablehnungen seiner Hilfe bei anderen Gelegenheiten enttäuscht zu werden. Das Kind fragt nicht mehr, sondern denkt stattdessen: *„Sicher kann ich das sowieso nicht, denn dafür bin ich ja noch zu klein."* Doch zu einem Zeitpunkt, zu dem dieses Kind längst nicht mehr zu klein ist, um beispielsweise beim Auto Waschen, beim Tapezieren, beim Möbel Aufbauen oder Bett Beziehen zu helfen, wird es längst aufgehört haben zu fragen und sich stattdessen mit der vermeintlichen Erklärung, die ihm der verinnerlichte Glaubenssatz gibt, zufriedengeben. Ist das Kind dann erwachsen geworden, hat es diesen Satz unzählige Male zu sich selbst gesagt, ihn überdies noch zu hören bekommen und damit seine innere Einstellung und seine Körpersprache geprägt.

Wie weit ein negativer Glaubenssatz Einfluss auf den Lebensweg nimmt, lässt sich letztlich nicht sagen. Viele Erfahrungen und dadurch entwickelte Glaubenssätze müssen zusammenkommen, bevor ein Mensch auch körpersprachlich eine so starke Prägung erfährt, dass sie auch für andere deutlich sichtbar wird. Doch wer immer wieder hört, dass er nichts kann, dass aus ihm nichts wird, dass er unfähig ist und zu allem zu dumm, zu klein, zu ungeschickt, zu unreif oder unbegabt ist, erhält ein denkbar schlechtes Fundament. Wer eine Information wieder und wieder hört, ist irgendwann nicht mehr in der Lage, sie zu ignorieren. Wir kennen diesen Mechanismus aus der Werbung. Versuchen Sie beispielsweise einmal, den folgenden Satz aus der Licher Bier-Werbung in Gedanken nicht zu vervollständigen: *„Licher Bier – aus dem Herzen ..."*

Ebenso, wie Sie vermutlich den Satz mit „… *der Natur*" in Gedanken vervollständigt haben (vorausgesetzt natürlich, Sie kennen ihn), Sie also gegen Ihren Willen einem Gedanken gefolgt sind, folgen wir auch unseren Glaubenssätzen irgendwann ganz automatisch und sogar dann, wenn sie ihren ursprünglichen Nutzen für uns längst verloren haben. Leider handelt es sich in den meisten Fällen um negative Prägungen. Dies ist vermutlich auch der Grund dafür, weshalb wir eher bereit sind, mit negativen als mit positiven Suggestionen zu arbeiten. Die meisten Menschen stellen sich eher vor eine Gruppe und sagen: *„So richtig gut geht's mir eigentlich nicht!"* als sich stattdessen energiegeladen in den Mittelpunkt zu stellen und zu sagen: *„Es geht mir hervorragend und ich bin voller Energie!"* Wer sich der ständig wiederholten Feststellung hingibt, dass das Leben schwierig und nur schwer zu bewältigen sei, fühlt sich dabei wesentlich weniger albern und unglaubwürdig als im umgekehrten Fall.

Wer die eigene Körpersprache verändern will, sollte sich darüber im Klaren sein, dass man es dabei mit Arbeit im Allgemeinen als auch mit sich selbst im Besonderen zu tun bekommt.

5.2 Selbstbewusstsein – sich seines Selbst bewusst

„Man kann die eigene Körpersprache dauerhaft verändern – sofern man authentisch sein will und ist."

Erich Norbert Detroy, www.detroy-consultants.de

Jeder wünscht sich Selbstbewusstsein. Jeder möchte gern zu den Menschen gehören, die andere überzeugen und mitreißen. Schwächen und Mängel will niemand hervorheben oder gar verstärken. Ein starkes Selbstbewusstsein setzt allerdings voraus, dass man sich seiner selbst bewusst ist: Nicht nur um unsere Stärken müssen wir wissen; auch unsere Schwächen müssen wir kennen und akzeptieren, bevor wir an ihnen arbeiten und sie beseitigen können.

Unsere Körpersprache drückt unsere Emotionen aus: Sind wir skeptisch oder verärgert, ziehen wir die Stirn in Falten. Sind wir gut gelaunt, lächeln wir und um unsere Augen bilden sich Lachfältchen. Lächeln wir mechanisch, beispielsweise aus formaler Höflichkeit, bleiben die Lachfältchen weg oder werden allenfalls nur schwach angedeutet. Sind wir betrübt, enttäuscht oder verzweifelt, hängen unsere Mundwinkel nach unten, der Brustkorb ist eingefallen und die Schultern sacken nach vorn. Sind wir voller Elan, gehen wir voller Schwung und aufrecht unserem Ziel oder unserer Aufgabe entgegen und werden andere beim Erzählen mitreißen und leicht überzeugen können.

All unsere Emotionen und inneren Zustände werden durch unsere Körpersprache nach außen repräsentiert und von anderen wahrgenommen. Auch wenn unser Gegenüber den Hintergrund nicht kennt, der für unsere momentane Verfassung verantwortlich ist, so nimmt er diese dennoch wahr. Wir müssen bereit sein, die Ursachen zu erkennen und sie, falls nötig, zu beseitigen. Die Arbeit mit der Ausdrucksweise unseres Körpers kann immer nur die Arbeit mit in uns vorhandenen Komponenten sein.

Das, was unser Körper zeigt, muss in uns sein – wo sonst sollte es herkommen?

Das legt folgenden Umkehrschluss nahe: Wenn Körpersprache unser Inneres nach außen zeigt, muss es auch möglich sein, durch die Veränderung des äußerlich Sichtbaren das damit verbundene innere Empfinden zu verändern.

Menschen, die den Wunsch haben, ihre Körpersprache zu bearbeiten und zu optimieren, haben in den meisten Fällen einzelne Aspekte vor Augen, die sie ändern möchten. Sei es, dass sie lernen, ohne verschränkte Arme vor einem Publikum zu sprechen oder dem Gegenüber mit geradem Blick zu begegnen, beim Small Talk nicht immer unter jenen zu sein, die buchstäblich an den Rand gedrängt werden, oder richtig zu reagieren, wenn ihnen jemand zu dicht auf die Pelle rückt.

Ein Seminarteilnehmer, Herr Berger, sprach mich zu Beginn eines Seminars an und erzählte, er müsse im beruflichen Zusammenhang immer wieder einmal vor Kollegen und Mitarbeiter treten, um Kurzvorträge zu halten. Nun wolle er an einer Schwäche arbeiten, die dabei regelmäßig auftrete: Seine verschränkten Arme. Auch wenn diese Geste keinesfalls immer negativ sein muss; wer während eines Vortrages mit verschränkten Armen vor seinen Zuhörern steht, vermittelt deutlich seine Unsicherheit, zeigt, dass er sich nicht wohlfühlt und dass er sich von der eigenen Aufgabe wie auch von den Zuhörern distanzieren möchte. Was würde wohl passieren, verzichtete er darauf, die Arme vor der Brust zu verschränken? Vermutlich würde er sich sehr unwohl fühlen, sodass er sich kaum noch auf die von ihm zu ver- mittelnden Inhalte konzentrieren könnte. Körpersprache ist die äußere Darstellung unseres inneren Befindens. Herrn Bergers Nervosität verschwände nicht schlagartig durch das Weglassen der Arme vor der Brust. Seine Un- sicherheit entsteht nicht erst durch diese Geste, vielmehr ist sie deren Ausdruck. Auf diese Weise kompensiert er seine innere Unruhe und schafft einen Ausgleich, der es ihm ermöglicht, seinen Vortrag mit einem ausreichenden Gefühl der Sicherheit zu halten. Diesen Ausgleich gilt es zu ersetzen, in diesem Fall durch ein gestärktes Selbst- bewusstsein, das es ihm letztlich erlaubt, auch ohne den Schutz seiner Arme vor anderen aufzutreten.

Die im nächsten Abschnitt beschriebene Übung ermög- lichte Herrn Berger zum ersten Mal, die Ursache und die Auswirkung dieser Geste zu erfahren. Anschließend konnte er an deren Veränderung arbeiten.

5.3 Körpersprache macht erfolgreicher – von außen nach innen

„Ja – ich nutze die Körpersprache bewusst, um meine Stimmung zu verändern. Das habe ich mir bei Profisportlern angeschaut. Die machen das in der Kabine, um sich damit auch geistig auf 100 Prozent zu bringen."

Andreas Buhr, Experte für VertriebsIntelligenz®
und ©lean leadership

Wir können unsere Körpersprache rein äußerlich leichter beeinflussen und verändern als unsere Emotionen, da wir auf unseren Körper einen viel unmittelbareren Zugriff haben. Die oft genutzte Argumentation, Übungen seien unnötig, weil sie lediglich künstlich erzeugte Situationen darstellten, die nicht auf die Realität übertragbar seien, dient meist lediglich dazu, um diese Übungen herumzukommen. Tatsächlich sind sie außerordentlich hilfreich!

„Ich bin fest davon überzeugt, dass man die eigene Körpersprache verändern kann. Mit entsprechendem Training kann man sich schlechte Angewohnheiten abgewöhnen und gute angewöhnen."

Dirk Kreuter, Experte für Neukundengewinnung,
www.dirkkreuter.de

Unsere Körpersprache geht stets den Weg des geringsten Widerstandes. In Stresssituationen – dazu gehören auch Übungen – orientieren wir uns automatisch an gewohnten

Verhaltens- und Bewegungsmustern und wählen jeweils den uns am nächsten liegenden körpersprachlichen Ausdruck. Das ist auch der Sinn dieser Übungen, denn wenn wir einzelne Gesten unserer Körpersprache verändern wollen, müssen wir uns zunächst darüber klar werden, aus welchem Grund wir sie überhaupt anwenden.

Herr Berger erhielt die Aufgabe, einen kurzen Vortrag vor unserer Seminargruppe zu halten, ganz so, wie er es von seiner Arbeit her gewohnt war. Wie erwartet, hielt er die meiste Zeit seine Arme vor der Brust verschränkt und verließ diese Position allenfalls, um ein Stichwort auf dem Flipchart zu notieren. Die anderen Teilnehmer gaben ihm Feedback. Für die nächste Runde untersagten wir ihm ausdrücklich, die Arme zu verschränken; er sollte sie stattdessen anderweitig nutzen. Die Folge war ein fahriger Vortrag, bei dem es ihm sichtlich schwerfiel, sich zu konzentrieren. Mehrere Male setzte er an, seine Arme zu verschränken, ließ jedoch immer wieder ruckartig davon ab, weil wir ihm diese Geste ja untersagt hatten.

Nach erneutem Feedback schickten wir Herrn Berger in die dritte Runde. Dieses Mal lautete die Vorgabe, seine Hände in die Taschen zu stecken und sie dort zu lassen. Was geschah? Getreu der Regel, dass Körpersprache sich ihren Weg sucht, um auszudrücken, was in uns ist, begann Herr Berger mit dem „Hühnchen"! Bei dieser Geste stecken die Hände in den Hosentaschen und die Ellbogen stehen rechts und links vom Körper ab. Dabei bewegen sie sich vor und zurück, was an das Bild eines flatternden Huhns erinnert.

Alles, was wir erlernen oder neu lernen wollen, müssen wir trainieren – immer wieder. Warum sollte es bei der Körpersprache anders sein als in anderen Bereichen des Lebens? Nur mit Arbeit und beständigem Training ist Körpersprache veränderbar. Und weil sie die äußere Darstellung unserer inneren Haltung ist, wird sich letztere immer mit unserer Körpersprache verändern. Die Frage, die an dieser Stelle auftaucht: Kann man die eigene Körpersprache überhaupt verändern, wenn doch die innere Haltung dazu fehlt?

Die Antwort lautet: Ja! Doch dazu müssen Sie Folgendes akzeptieren:

Wenn Sie zur Heiligkeit gelangen wollen,
müssen Sie zuvor durch die Scheinheiligkeit gehen!

Mit „Heiligkeit" ist hier eine glaubwürdige, authentische Körpersprache gemeint, während „Scheinheiligkeit" für eine zunächst künstlich angenommene Körperaussage steht.

Ein Beispiel: Der Einsatz der Arme beziehungsweise der Hände, um Gesagtes zu untermalen und hervorzuheben, wirkt auf andere Menschen überzeugend und lässt den Redner auf seine Zuhörer toleranter, sympathischer, glaubwürdiger und kompetenter wirken. Wer sich nun jedoch wild mit den Armen wedelnd und gestikulierend vor sein Publikum stellt und meint, damit die Herzen seiner Zuhörer im Sturm zu erobern, wird enttäuscht. Dies gelingt nur, wenn Arme und Hände glaubwürdig eingesetzt werden. Und das wiederum ist – gemäß der Grundregel, dass interpretierbare und tatsächlich mit dem Inneren übereinstimmende Körpersprache unbewusst sein muss – nur dann der Fall, wenn man eben nicht darüber nachdenkt. Wer lediglich die Gesten mechanisch anwendet, von denen man weiß (oder zu wissen glaubt!), wie sie von anderen interpretiert und verstanden werden, um den gewünschten Eindruck zu erzeugen, vergisst, dass jede große Geste weitere, meist kleinere, unauffälligere benötigt, um ein stimmiges Gesamtbild zu erzeugen. Bei einer Ansprache vor einer größeren Zuhörerschaft hilft der Einsatz der Arme allein nicht, wenn nicht der ganze Körper mitschwingt. Dabei ist der Redner in Bewegung, läuft auf und ab, bewegt sich mal hierhin, mal dorthin, seine Stimme verändert sich im Tempo des Vortrags, abhängig von Inhalt und Wichtigkeit des Gesagten. Zudem hält er selbstverständlich stets einen guten Blickkontakt zu seinem Publikum, spricht Einzelne an und versteht es, jedem Anwesenden das Gefühl zu geben, genau er sei gemeint.

Abbildung 70:
Dort ist das Ziel und da lang geht der Weg!

Abbildung 71:
So sehen Sieger aus!

162

Abbildung 72:
Keine Sorge, ich hab's im Griff!

Abbildung 73:
Gut gemacht, so kann's weitergehen!

Abbildung 74: Gewonnen!

An diesen Punkt gelangt jedoch nur, wer anfängt und Hilfsmittel nutzt, die derjenige, der das Ziel bereits erreicht hat, nicht mehr benötigt. Zum Beispiel, indem man sich vor einer Rede notiert, wann man eine Aussage mit seinen Bewegungen unterstreicht oder hervorhebt. Dabei muss nicht jeder einzelne Aspekt antrainiert werden. Meist genügt es, wesentliche Elemente herauszugreifen, der Rest entwickelt sich und folgt nach und nach. Man ist also zunächst „scheinheilig", man tut nur so als ob.

Herr Berger realisierte bei der oben genannten Übung nicht nur den Grund für das Verschränken seiner Arme, sondern auch das Gefühl, das es verursachte, wenn er diese Geste nicht einsetzte. Danach konnten wir beginnen, Hilfsmittel und Übungen zu finden, mittels derer er das gewünschte Ziel – ohne verschränkte Arme und dennoch frei von Angst und Unsicherheit vor anderen zu sprechen – erreichen konnte.

Vielleicht brennt es Ihnen längst auf der Zunge, mir zu widersprechen? Wer Körpersprache rein äußerlich und mechanisch einsetzt, kann unmöglich glaubwürdig wirken, denken Sie? Das mag sein. Doch klingt die Empfehlung, sich auf die emotionale Haltung des Gegenübers einzulassen, davon ausgehend, dass sich die Körpersprache angleicht, wenn erst einmal die innere Haltung stimmt, in Ihren Ohren besser? Dann können Sie vielleicht folgende Frage beantworten: Wie genau lässt man sich auf die emotionale Haltung seines Gegenübers ein?

Insbesondere in angespannten Situationen ist es schwer genug, die eigenen Emotionen im Griff zu behalten. Ich bezweifle daher, dass es möglich ist, sich darüber hinaus auch noch emotional auf den Gesprächspartner einzulassen, mal ganz abgesehen davon, dass wir das je nach Gegenüber auch nicht wollen.

Wenn wir eine gesprochene Sprache erlernen oder unsere Kenntnisse darin erweitern wollen, gelingt uns dies nur, wenn wir sie benutzen, sie sprechen, auch, wenn wir dabei Fehler machen. Ein Buch darüber vermittelt uns Wissen, zeigt uns Regeln, hilft uns zu verstehen und gibt uns Anleitung. Wollen wir eine positive Körpersprache haben, müssen wir sie auch anwenden. So lange wir sie nicht haben, müssen wir eben so tun, als ob – um ihr auf diese Weise Stück für Stück näher zu kommen.

Wie beim Neuwagen: Erstmal ungewohnt!

Wer an seiner Körpersprache arbeiten und sie in eine positive Richtung verändern will, wird sich mitunter fühlen wie in einem Neuwagen: Anfangs ruckelt und hakt es, wir müssen uns erst an das andere Spiel zwischen Gas und Kupplung (äußere Darstellung und inneres Erleben), gewöhnen. Wir wissen noch nicht um die Eigenheiten und einzelnen Funktionen unseres Fahrzeugs und zunächst geht es vielleicht nicht richtig vorwärts. Auf dem Weg stellen sich zudem Hindernisse in den Weg, haben andere (Gefühle) Vorfahrt und an manchen Stellen begegnen uns unbekannte oder vergessene Verkehrsschilder (Gefühle und Situationen), Ampeln schalten auf Rot, wir treten auf der Stelle und die Zeit bis zur nächsten Grünphase erscheint endlos.

Lernen Sie die Verkehrsregeln und vertrauen Sie darauf, dass die Selbstverständlichkeit, mit der Sie Ihr altes Fahrzeug gesteuert haben, sich nach und nach wieder einstellt. Hauptsache, Sie wissen, wohin Sie wollen!

6.
Profitipps zum Schluss

Einige der in diesem Buch aufgeführten Gesten begegnen uns mehr, andere weniger häufig. Bestimmte Fragen hinsichtlich des Umgangs mit einzelnen Situationen werden jedoch häufiger gestellt. Dazu hier noch einige Tipps.

Was tun bei Distanzverletzung?

Tritt jemand zu nah an uns heran, ist der erste Impuls meist, zurückzuweichen. Damit überlässt man dem anderen kampflos das eigene Territorium und gibt diesem die Erlaubnis, mehr Platz zu beanspruchen als man selbst. Hinzu kommt, dass man plötzlich mit dem Rücken zur Wand stehen könnte, und aus der Verbalsprache wissen wir, dass dieser Ausdruck einen unangenehmen Zustand beschreibt. Doch wie verhält man sich in solch einem Fall?

Möglichkeit 1: Setzen Sie sich!

Sofern die Gegebenheiten es erlauben, suchen Sie einen Tisch für sich und Ihr Gegenüber. Bieten Sie ihm einen Platz an und setzen sich dann selbst hin. Je nachdem, ob Sie eher konstruktiv-partnerschaftlich oder konfrontativ diskutieren wollen, wählen Sie entweder einen seitlich stehenden Stuhl (doppelte P-Position) oder setzen sich an die gegenüberliegende Tischseite. In beiden Fällen schaffen Sie die nötige Distanz, ohne das von Ihnen gewünschte Ziel aus den Augen zu verlieren.

Möglichkeit 2: Machen Sie „Front" gegen den Anderen!

Fühlen Sie sich von jemandem von der Seite bedrängt, machen Sie Front gegen ihn. Wenden Sie sich ihm mit Ihrer Vorderseite zu und bieten Sie ihm die Stirn. Sofern Ihr Status (hoch oder tief) es zulässt, unterstützen Sie

Abbildung 75: Der direkte Blick sagt: „Ich weiß, was ich will und lasse mir nicht die Butter vom Brot nehmen."

diese Geste gegebenenfalls mit der Frage, was Sie für ihn tun können. Instinktiv wird Ihr Gegenüber einen Schritt zurückweichen. Im Gegenzug ist es natürlich auch möglich, sich seitlich im 90-Grad-Winkel zu jemandem zu stellen, der sich uns zu sehr von vorn angenähert hat.

Möglichkeit 3: Stellen Sie den Fuß nach vorn!
Wenn sich Ihnen jemand nähert, von dem Sie bereits wissen, dass er dazu neigt, anderen zu sehr auf die Pelle zu rücken, stellen Sie schon vorher Ihren Fuß eine Schrittlänge nach vorn. Auf diese Weise dehnen Sie Ihren natürlichen Platzbedarf und das von Ihnen beanspruchte Territorium aus. Ihre Intimdistanz beginnt genau genommen also schon bei der Spitze Ihres vorgestellten Fußes. In den meisten Fällen wird Ihr Gegenüber dieses Signal unbewusst zur Kenntnis nehmen und einen größeren Abstand einhalten; zwar nicht zu Ihrem Fuß, aber immerhin zum Rest Ihres Körpers.

Abbildung 76: Ein Trick bei allzu aufdringlichen Menschen: Stellen Sie Ihren Fuß nach vorn.

Möglichkeit 4: Beziehen Sie Stellung!

Die Gelegenheit, Ihren Fuß nach vorn zu stellen, ist verstrichen und Front zu machen allein hilft nicht? Bleiben Sie standhaft und selbstbewusst. Halten Sie einen klaren, festen Blickkontakt. Ihre Beine stehen etwa hüftbreit auseinander und Sie verzichten auf Armbarrieren zwischen sich und Ihrem Gegenüber. Die Botschaft, die Sie so vermitteln, ist: *„Ich bin in der Lage, mich auf Augenhöhe mit dir auszutauschen, ohne mich schützen oder mein Territorium räumen zu müssen."*

„Ich nehme dann unbewusst eine stärkere Körpersprache ein, stelle mich breiter hin, stemme vielleicht die Hände in die Hüften etc., um meinem Gegenüber dann zu signalisieren ‚Ich bin auch groß und stark, sei ein wenig vorsichtig'."

Jürgen Höller, Motivationstrainer, www.juergenhoeller.de

Abbildung 77: Der Hüftaufsitzer, verbunden mit einem geraden Blick in die Augen: „Ich bin auch stark, sei vorsichtig!"

Letztlich bleibt Ihnen natürlich immer die Möglichkeit, jemanden direkt anzusprechen. Gehen Sie für den Fall davon aus, dass der andere es nicht böse meint und möglicherweise sogar dankbar ist, dass ihn jemand auf diese ungewollte Unaufmerksamkeit seinerseits hinweist.

So schwächen Sie den Stuhlreiter

Der eine Situation gern dominierende Stuhlreiter verschanzt sich hinter der Lehne (siehe Abbildung 78). Möchten Sie jemanden in dieser Sitzposition „entwaffnen", stellen Sie sich hinter ihn (siehe Abbildung 79). Immerhin ist sein Rücken ungeschützt. Zudem kann man den Status eines sitzenden Gesprächspartners in einer solchen Situation durch einen Blick von oben herab einschränken. Entweder wird er sich nun zu Ihnen umdrehen oder aufstehen.

Abbildung 78: Wer so auf dem Stuhl sitzt, will gern dominieren. Wieder eine typisch männliche Geste, denn der Genitalbereich wird geöffnet, wenn auch hinter der Lehne.

Abbildung 79: Wer von hinten schutzlos ist, fühlt sich angreifbar – und wird so geschwächt.

Wie man auf den Handgruß hinweist

Im Abschnitt „Bewerbungsgespräch" weise ich darauf hin, als Bewerber dem Personalchef keinesfalls als erstes die Hand zum Gruß zu reichen. Aufgrund der unterschiedlichen Positionen (er ist im Hoch-, Sie als Bewerber im Tiefstatus), kommt es Ihnen nicht zu, ihm den Zeitpunkt des Handgrußes zu diktieren. Eine häufige Überlegung in diesem Fall ist: Kennt der Personalchef diese Regel ebenfalls? Nun – ganz sicher können Sie sich natürlich nicht sein. Doch folgender Trick kann Ihnen helfen: Während Sie Ihr Gegenüber verbal begrüßen, halten Sie Ihren rechten Arm in zum Gruß gebeugter Stellung direkt vor Ihren Körper (siehe Abbildung 80). Ihr Gegenüber wird diese Geste unbewusst wahrnehmen und dadurch animiert, Ihnen seinerseits die Hand zum Gruß zu reichen. Und wenn nicht? Dann lassen Sie es trotzdem!

Wie man dem autoritären Deckler begegnet

Der Handgruß mit nach unten weisender Handfläche ist meist bei Menschen zu finden, die es gewohnt sind, als Führungspersönlichkeit akzeptiert zu werden. Die nach unten weisende Handfläche will unten halten, kontrollieren oder gar unterdrücken. Zunächst gilt: Personen im Tiefstatus akzeptieren die führende Rolle und überlassen dem Deckler die Oberhand. Bei gleichberechtigtem Status gibt es verschiedene Möglichkeiten mit dieser Geste umzugehen.

Möglichkeit 1: Der Beidhänder

Sie legen Ihre linke Hand auf die des Decklers und sind damit wieder in der überlegeneren Position. Bisweilen findet sich diese Geste in der Politik. Im Geschäftsalltag

Abbildung 80: Der Arm in dieser Position deutet den Handgruß an, überlässt die Wahl jedoch Ihrem Gegenüber.

Abbildung 81: Diese Geste ist im Geschäftsalltag undenkbar. Und selbst wenn: Auch er hat noch eine zweite Hand.

ist der Beidhänder nicht zu empfehlen, da er zu vertraut ist; er kommt einer „Umarmung im Kleinen" gleich. Und welchen Geschäftspartner würde man schon umarmen? Wer ihn nutzt, sollte mit Irritationen rechnen. Außerdem: Der andere hat auch noch eine zweite Hand ...! Aus politischen Zusammenhängen kennen wir diese Fotos zur Genüge (siehe Abbildung 82)

Möglichkeit 2: Der Griff an den Unterarm
Sie schieben Ihre rechte Hand unter den Deckler, greifen jedoch gleichzeitig mit der Linken an seinen Unterarm. Mit dieser ebenfalls besitzergreifenden Geste gleichen Sie den Status wieder aus. Auch diese Variante ist besitzergreifend und kann Ihr Gegenüber brüskieren.

Abbildung 82: Die zweite Hand über dem Deckler soll diesen abschwächen. Eine Geste, die wir aus politischen Zusammenhängen kennen.

Möglichkeit 3: Knifflig, aber smart

Bei dieser Version gehen Sie zunächst auf den Deckler ein und schieben Ihre Hand unter die Ihres Gesprächspartners. Von der Position ihm gegenüber bewegen Sie sich jedoch jetzt mit dem rechten Fuß einen Schritt nach vorn, und zwar so, dass Sie sich aus seiner Sicht in einem Winkel von 90 Grad links von ihm befinden. Mit diesem Trick schlagen Sie gleich zwei Fliegen mit einer Klappe: Erstens zwingen Sie so die Hand Ihres Gegenübers automatisch in eine ausgewogene Position. Zweitens schwächen Sie den Deckler körpersprachlich, da Sie durch die Drehung in den 90 Grad Winkel in seine Intimdistanz eindringen.

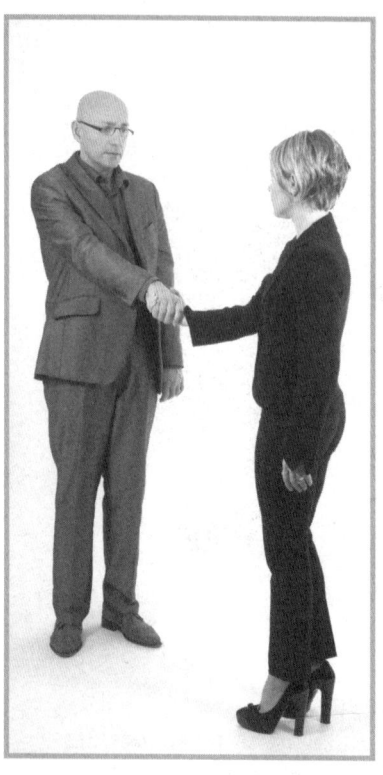 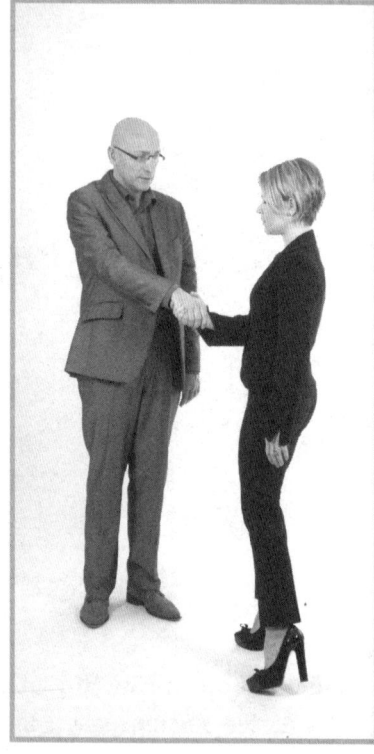

Abbildung 83: Reaktion auf den Deckler: Gehen Sie zunächst darauf ein, ...

Abbildung 84: ... machen Sie dann einen Schritt nach rechts ...

Abbildung 85: ... und bringen Sie damit die Hand Ihres Gegenübers in die ausgewogene Position.

Auch bei gleichberechtigtem Status können Sie all diese Überlegungen über Bord werfen und Möglichkeit 4 wählen: Sie ordnen sich Ihrem Gegenüber beim Handgruß unter und achten im folgenden Gespräch darauf, dass Ihre Interessen gewahrt bleiben. Wie alles ist nämlich auch dies eine Frage des Selbstverständnisses und Selbstbewusstseins.

7.
Schlusswort

Vielleicht ist es unpopulär, dazu zu raten, seine Körpersprache (zunächst) künstlich zu verändern und so zu tun als ob. Ich halte es jedoch für realistischer als die Empfehlung, sich in einem Gespräch in das Gefühl eines Anderen hinein zu versetzen, um dann angeblich „ganz automatisch" die entsprechende Körperhaltung einzunehmen und das gewünschte Ergebnis zu erreichen. Sind Fragen wie *„Wie fühlt sich Ihr Gegenüber?", „Was wünscht er sich?", „Was genau braucht er jetzt wirklich?"* etwa leicht zu beantworten? In den meisten Fällen gelingt uns das noch nicht einmal bei uns nahestehenden Personen.

Wer seine Körpersprache verändern will, sollte dies stets nur aus für ihn selbst nachvollziehbaren Gründen und aus eigenem Antrieb tun. Machen Sie sich klar, dass dies mitunter eine schwierige und herausfordernde Aufgabe sein kann. Verlangen Sie nichts Unmögliches von sich und setzen Sie sich keine unrealistischen Ziele. Wenn Sie schon nervös werden, wenn Sie bei Ihrer eigenen Geburtstagsfeier das Büfett eröffnen wollen, werden Sie vermutlich niemals ein Redner, der einen voll besetzten Saal begeistert.

Trainieren Sie Ihre Körpersprache zudem nicht in Situationen, in denen es wichtig ist, dass Sie glaubwürdig und natürlich wirken. Doch verabschieden Sie sich von der Annahme, Sie könnten etwas verändern, wenn Sie es nicht trainieren!

Tun Sie das am besten dort, wo es keinen Schaden anrichtet. Sollten Sie sich darüber hinaus in einen anderen Menschen hineinversetzen können, so ist das zweifellos hilfreich. Besser allerdings ist es, mit Ihren eigenen Fähigkeiten und Emotionen zu arbeiten. Versetzen Sie sich in sich selbst. Denn dort – in Ihnen – liegt alles, was Sie brauchen!

Danksagung

Ein Buch entsteht nie nur durch den Autor allein; es ist immer ein Stück von den Menschen darin enthalten, die ihn geprägt und unterstützt haben.

Für ihre Statements danke ich zunächst den im Buch aufgeführten Trainer- und Rednerkollegen, die sich die Zeit genommen haben, einige Fragen zum Thema Körpersprache zu beantworten.

Christian Hoffmann und Jens Grübner vom Verlag Business Village danke ich ganz besonders für ihre offene und zielorientierte Kritik und Unterstützung; auch wenn's manchmal schwer fiel, aber: Genau so habe ich mir das gewünscht! Andreas Klier: Danke für Deine schnelle und unkomplizierte Hilfe – das hat prima geklappt!

Natürlich tragen überdies Menschen im privaten Umfeld unterschiedlich dazu bei, dass eine Arbeit vollendet, ja, im Grunde überhaupt begonnen werden kann. Als erstes sei hier meine Großmutter, Clara Müller, genannt: Ihr danke ich nicht nur für ihre Güte, sondern auch für ihre Ratschläge; jeder einzelne hat sich als richtig erwiesen. Meiner Mutter danke ich für ihren unerschütterlichen Glauben an das Gute im Menschen.

Da ich meine Gedanken und mein Handeln besser reflektiere, wenn ich darüber spreche, muss es auch Menschen geben, denen man so etwas zumuten kann. Deshalb freue ich mich immer wieder über all jene, die es seit vielen Jahren schaffen, trotz meiner oft kaum enden wollenden Monologe mit mir befreundet zu sein und mich in vielerlei anderer Hinsicht unterstützen. In alphabetischer Reihenfolge gehören dazu unter anderem Ralph Fischer, Oliver Kasten, Dr. Karlheinz Kopanski, Karsten Löwe und Andreas Zier. Nicht zu vergessen alle hier nicht namentlich aufgeführten Menschen, die ich meine Freunde nennen darf.

Frank Jesgars danke ich dafür, dass man in seinem „Wirtshaus Köpenick" in Hofgeismar immer wieder wichtige „Geistesarbeit" in toller Atmosphäre bei interessanten Gesprächen leisten kann.

Zu Peter „Pit" Brockmann kann ich an dieser Stelle nur zwei Dinge sagen: Danke! Und: Gut, dass ich mitgeflippert habe! Ansonsten, Pit: Du weißt es doch.

Ilona danke ich nicht nur dafür, dass Sie mit mir zusammen ist und mich in all meinen Ideen, wie abstrus sie auch sein mögen, seit Jahren unterstützt und an mich glaubt; ich danke ihr auch dafür, dass ich einen Großteil unseres Urlaubs damit verbringen durfte, an diesem Buch zu schreiben! Tarik und Julian, meinen Söhnen, gebührt ebenfalls Dank: Sie sind der lebende Beweis dafür, dass sogar jemand wie ich etwas Großartiges hervorbringen kann.

Quellentipps

Ekman, Paul: Gefühle lesen, 1. Auflage, Spektrum Academischer Verlag, Heidelberg 2007

Molcho, Samy: Alles über Körpersprache, 1. Auflage, Goldmann Verlag, München 2002

Postel, Gert: Doktorspiele, 1. Auflage, Goldmann Verlag, München 2003

Sentürk, Jan: Fachwissen ist uninteressant – Grundregeln erfolgreicher Kommunikation, 2. Auflage, PS Dialog Media, Calden 2006

Sentürk, Jan: Fachwissen ist uninteressant III – Richtig manipulieren, 1. Auflage, PS Dialog Media, Calden 2008

Sentürk, Jan: Der Online-Gestenkoffer (Kurzvideo-Service zur Körpersprache), seit Sommer 2009, *www.jansentuerk.de*